W0471940

KLARTEXT

Frank Quilitzsch

Alter, du wirst abgehängt

Die besten Kolumnen

Mit Zeichnungen von NEL

Bibliografische Information der Deutschen Nationalbibliothek
Die Deutsche Nationalbibliothek verzeichnet diese Publikation in der Deutschen Nationalbibliografie; detaillierte bibliografische Daten sind im Internet über http://dnb.dnb.de abrufbar.

Impressum

1. Auflage Juni 2022
Satz und Gestaltung: Achim Nöllenheidt
Umschlaggestaltung: NEL
Zeichnungen Umschlag: NEL
Druck und Bindung: Multiprint GmbH, Kostinbrod 2230, Slavianska Str. 10 A, Bulgarien

ISBN 978-3-8375-2493-2

KLARTEXT

Jakob Funke Medien Beteiligungs GmbH & Co. KG
Jakob-Funke-Platz 1, 45127 Essen
info.klartext@funkemedien.de
www.klartext-verlag.de

Inhalt

Vollmundig in die Katastrophe

Die Stunde des Virologen

Früher glaubte ich an meinen Vater, die Partei, den Sozialismus, die Börse und die freie Marktwirtschaft. Heute glaube ich nur noch dem Virologen. Halte Abstand! warnt er. Geh' nicht unnötig aus, desinfiziere immer deine Hände und wasche deine Maske bei 60 Grad! Und: Schütze deinen Nächsten wie dich selbst!

Der Virologe ist allmächtig, weil er am Coronavirus forscht.

Wenn die Kinder in der Quarantäne zu laut sind, klopfe ich gegen die Wand und rufe: „Hört auf, sonst kommt der Virologe!"

Doch, doch, er ist eine Person des öffentlichen Respekts. Ich kann mir ein Leben ohne Virologen gar nicht mehr vorstellen. Vor allem frage ich mich, wie wir es früher gemeistert haben. Als uns niemand sagte, wo es nicht langgeht. Und was haben Virologen eigentlich gemacht, bevor die Pandemie das Licht der Welt erblickte? Man sah sie nicht in ihren abgeschirmten Laboren. Wartet nur, flüsterten sie, der Tag wird kommen, an dem ihr uns braucht.

Und plötzlich waren sie da.

Zuerst nur in der „Tagesschau", dann auch bei Anne Will und Frank Plasberg. Inzwischen sind sie rund um die Uhr überall im Einsatz. Eigens für sie wurden Covid19-Brennpunkte und Corona-Extras eingerichtet. Jeden Abend marschieren sie auf wie Verschworene des Jüngsten Gerichts und verkünden die frischesten Zahlen. Unseren täglich Corona-Ticker gib uns heute ...

Nach der Arbeit fahre ich hastig den Computer runter und trage mein Abendbrot vor den Fernseher, weil ich ihn kaum erwarten kann. Oft bleibe ich bis Mitternacht sitzen, da der Virologe bei Markus Lanz gar nicht mehr aufstehen will. Ich habe mich gefragt, warum immer nur *ein* Virologe in der Talk-Show sitzt. Die Antwort lautet: Weil sie einander widersprechen. Der eine Virologe sagt: Es ist an der Zeit, die Beschränkungen zu lockern. Der andere Virologe sagt: Dazu ist es noch zu früh.

Mehr als das Virus fürchtet der Virologe nämlich die Zeit nach Corona. Weil er dann wieder von der Bildfläche verschwindet und nur noch zu runden Pandemie-Geburtstagen mit am Talk-Tisch Platz nehmen darf. Damals, wird er durch seine Maske hüsteln, als wir mit dem Virus kämpften …

Mut zur langen Mähne

Macht der Aufenthalt im Homeoffice asozial? Diese Frage muss sich in Pandemiezeiten jeder selbst beantworten. Bislang habe ich der Versuchung, mein Arbeitszimmer morgens im Schlafanzug zu betreten, erfolgreich widerstanden. Zwar muss ich nur zwei Treppen hinunter, doch dabei könnte ich im Hausflur unserer im Homeurlaub weilenden Nachbarin begegnen. Also dusche ich vorher, rasiere mich und kleide mich leger. Von Zeit zu Zeit maniküre ich mir sogar die Nägel, damit ich beim Schreiben nicht an der Tastatur hängen bleibe.

Die meisten meiner Kolleginnen und Kollegen habe ich seit Wochen nicht mehr gesehen. Während wir unsere Telefonkonferenz abhalten, stelle ich mir vor, wie sie im Jogginganzug auf der Couch liegen, abwechselnd auf ihre Monitore und auf den Fernseher schauen, Kaffee oder Likörchen schlürfen, mit der einen Hand mit der Maus klicken und mit der anderen die quengelnden Kinder auf Abstand halten. Vielleicht täusche ich mich auch, es lässt sich ja nicht überprüfen.

Heikel wird es erst, wenn man sein Zwangsrefugium mal verlässt und auf der Straße angestarrt wird. Neulich, als ich zur Kaufhalle wollte, presste sich eine junge Dame vor mir an die Hauswand. Ich dachte, es sei wegen Corona, doch als auch die entgegenkommenden Männer demonstrativ den Bürgersteig wechselten, habe ich daheim mal in den Spiegel geschaut.

Oh je, die Haare!

Vor Monaten habe ich leichtsinnig einen Termin bei der Friseurin meines Vertrauens verstreichen lassen, und nun kriege ich keinen mehr. Also lass ich die Mähne wachsen. Bei der Arbeit hilft mir mein blumiges Stirnband aus der Hippiezeit. Falls sich das Homeoffice noch über ein paar Jahre hinziehen sollte und alle Friseure geschlossen bleiben, werde ich um den Kopf herum bald wieder aussehen wie mit sechzehn.

Im Namen des Waldvolkes

Was ist denn bei euch in Thüringen los?! Immer wieder werde ich das mit Blick auf die Ereignisse im Landtag gefragt, und meine Antwort lautet: Sie wissen nicht, was sie da tun. Und sie tun es weiter, ohne Rücksicht auf uns Wähler, unser Land und alle Regeln des Anstands.

Was wird gespielt? Ein machtgeiler schwarzer Fraktionsvorsitzender mimt den Mephisto. Ein glatzköpfiger Friseurmagnat lässt sich zum König krönen, und ein grinsender Nazi fungiert als Steigbügelhalter. Nein, das ist kein Shakespeare-Drama, sondern billiges provinzielles Schmierentheater! Und es ist brandgefährlich.

Trotzdem ist unser Freistaat noch nicht verloren, selbst wenn er, von außen betrachtet, diesen Anschein erwecken könnte. Im Namen der Demokratie wird gekungelt und geblufft, geheuchelt und höhnisch Beifall geklatscht, nur um die Wiederwahl des roten Landesvaters zu verhindern.

Der zwar mit seinen Vasallen auch keine Mehrheit mehr besitzt, in seiner bisherigen Amtszeit das Abendland aber auch nicht, wie vielfach prophezeit, gegen den Baum gefahren hat. Im Gegenteil, seine Beliebtheitswerte sind gestiegen.

Ist es nicht höchste Zeit, das Parteikastendenken aufzugeben und sich zu einer Koalition der Vernunft zusammenzuraufen, wie sie von namhaften Vertretern aus Kultur, Religion und Wissenschaft gefordert wird? Im Namen des Volkes und des Thüringer Waldes erinnere ich an die Online-Petition vom 24.11.2019:
„Aus der Mitte der Gesellschaft heraus fordern wir die gewählten Vertreter der Thüringer CDU und der Linken dazu auf, die Mauern in ihren Köpfen einzureißen.“ Ziel müsse eine Linke-CDU-Koalition oder eine von der CDU tolerierte rot-rot-grüne Minderheitsregierung sein. Zu den Erstunterzeichnern dieses Appells gehören George Alexander Albrecht, Ehrendirigent der Staatskapelle Weimar, der Vorsitzende der Jüdischen Landesgemeinde, Reinhard Schramm, sowie die Schauspieler Katrin Sass und Thomas Thieme.

Ein Himmel voller Geigen

Der Wald steht still und schweiget? Mitnichten! Forscher haben herausgefunden, dass Bäume miteinander kommunizieren. Nicht nur mit Hilfe von Duftstoffen und Pilzgeflechten, sondern auch akustisch in einem für das menschliche Ohr eigentlich nicht wahrnehmbaren Ultraschallbereich.
Ich weile im Sommer 2020 auf dem Oberhofer Schlossberg unter den ältesten Fichten Deutschlands und belausche zwei der 300-jährigen Damen:

„Durst. Ich habe Durst!“

„Reiß dich zusammen, Hermine. Das ist nicht die erste Trockenzeit, die wir durchmachen müssen ..."

„Aber sie dauert nun schon drei Jahre, Mathilda. Der Winter war wieder viel zu trocken. Meine Wurzeln ziehen kaum noch Wasser."

„Denk an was Schönes, Hermine. Schau auf Oberhof!"

„Das tu ich doch. Aber wo sind die Menschen? Niemand spaziert durch unseren Wald. Niemand geht mehr in die Kirche!"

„Das ist das Coronavirus."

„Was?"

„So was wie der Borkenkäfer."

„Schrecklich. Ich fühle mich schwach und weiß nicht, was ich tun soll, wenn der Käfer wieder anfliegt."

„Du musst das Bohrloch verkleben, Hermine."

„Kein Wasser, kein Baumharz."

„Hör auf zu jammern!"

„Ich jammere nicht. Wenn bloß dieser Durst nicht wäre! Denkst du manchmal an den Tod, Mathilda? Manche Menschen glauben, dass sie in den Himmel kommen."

„Wir sind doch schon im Himmel, Hermine. Mit unserer Krone."

„Aber wenn uns irgendwann ein Sturm fällt, was ist dann?"

„Keine Ahnung."

„Ich hoffe, dass vorher der Geigenbauer vorbeikommt. Unser Holz hat einen schönen Klang."

„Ach, Hermine. Hast du nicht gehört, was er neulich gesagt hat? Er sagte, es ist nicht gut genug für die Geige. Es reicht höchstens für ein Cello."

„Nur?! Stell dir vor, Mathilda, unsereins spielt eines Tages in einem berühmten Orchester ... Werke von Mozart, Puccini, Beethoven oder den Schneewalzer ..."

„Träum weiter, Hermine. Das Leben ist kein Wunschkonzert."

Wiesenblumen und Klassefrauen

Um es gleich vorweg zu sagen: Ich liebe Alleen, Blumen und Frauen. Und ich liebe die Poesie. Auch konkrete Poesie. Deshalb bin ich ein Bewunderer von Eugen Gomringer, der das schöne Gedicht „Alleen“ geschrieben hat, das mit jeder Zeile meine Gefühle anspricht. Ich weiß nicht, was jene Leute in dem Werk sehen, die es an der Fassade der Berliner Alice-Salomon-Hochschule übertünchen wollen. Womöglich fehlt ihnen jedes Gespür für Schönheit. Und wo, bitte sehr, wird in diesem Gedicht die Frau herabgewürdigt, zum Objekt degradiert oder sexuell belästigt, wie der Studierendenausschuss der Einrichtung behauptet?

Dichter bewundern Frauen. Dichterinnen bewundern eher Männer. Es gibt auch dichtende Männer, die Männer, und dichtende Frauen, die Frauen bewundern. Und bei allen Poeten und Poetinnen steht das Schöne in der Natur für das Schöne im Menschen. Deshalb besingen sie gern Blumen, Bäume und Landschaften.

„Eine Hennablüte ist mein Geliebter mir“, heißt es im berühmtesten aller Liebesgedichte, im „Hohelied Salomos“. „Ich bin eine Blume auf den Wiesen des Scharon, / eine Lilie der Täler. // Eine Lilie unter Disteln / ist meine Freundin unter den Mädchen. // Ein Apfelbaum unter Waldbäumen / ist mein Geliebter unter den Burschen.“

Der Geliebte ein Apfelbaum? Holzig, knorrig, welkend – was für eine Herabwürdigung! Soll auch die Bibel übertüncht werden? Goethe bricht das Heidenröslein, trotzdem hat Franz Schubert das Gedicht vertont. Picasso lässt eine Geliebte nach der anderen auf der Leinwand erblühen. Und muss Giorgiones nackt schlummernde Venus nunmehr verhüllt werden?

Dass die Kultur- und Kunstgeschichte auf patriarchalen Strukturen basiert, ist nicht neu. Allein die Heilige Schrift: vom Herrgott bis zu den Jüngern Jesu der reinste Männergesangsverein! Eva wurde aus Adams Rippe gemacht, was ja wohl mega-frauenverachtend ist.

Es gibt keine „reine" Kunst. Versucht man sie zu „säubern", löst sie sich vor unseren Augen auf. Kunst ist so vielfältig wie das Leben, bildet alle seine Facetten ab, oft auf provokante Weise. Was soll als nächstes entfernt werden? Die Walpurgisnacht aus Goethes „Faust", Brechts „Baal", Shakespeares „Sommernachtstraum" oder Wedekinds „Lulu"? Ich habe mir Erich Kästners „Sogenannte Klassefrauen", die auf jede noch so abstruse Mode fliegen, an die Wand gepinnt. Das satirische Gedicht aus dem Jahre 1930 haben wir noch in der Schule aufgesagt. Es endet: „Wenn's doch Mode würde, zu verblöden! / Denn in dieser Hinsicht sind sie groß. / Wenn's doch Mode würde, diesen Kröten / jede Öffnung einzeln zuzulöten, / denn dann wären wir sie endlich los."

Nur das Kroko kann uns retten

Jeden Morgen stehe ich auf dem Balkon und blicke auf den Nebenarm der Gera. Schwimmt da was? Ein Monster mit schuppigem Schwanz und spitzen Zähnen? Ich habe ein gebratenes Bio-Huhn in unsere Weide gehängt und die Fotofalle gespannt. Doch bisher hat's noch nicht schnapp gemacht.

Vielleicht ist es ja längst in die ewigen Jagdgründe abgetaucht, unser Unstrut-Krokodil. Gewiss war es ihm bei Artern zu trocken. Trotzdem hoffe ich inständig, dass es zurückkehrt. Ich hoffe für Thüringen, für unsere Zukunft, für den Aufschwung der Region. Was haben wir denn sonst noch zu bieten? Der Wald stirbt, Oberhof muss sich Schnee borgen, die Apfelernte fällt wieder madig aus und die Felder werden von Wühlmäusen kahl gefressen.

Da kam plötzlich dieses Krokodil um die Ecke und bescherte uns die Aufmerksamkeit, die wir so dringend brauchen. Was waren das für aufregende Wochen, als wir die Wasser- und Radwege sperren und die Kinder anpflocken mussten! Als uns Reporter die Uferböschungen zerlatschten und sich die Schlagzeilen überschlugen: „Reiterin sichtet Krokodil bei Schönewerda!" – „Suche nach Unstrut-Krokodil geht weiter!" – „Kein Kroko in der Unstrut – oder doch?"

Endlich mal keine steigenden Infektionszahlen, keine Firmenpleiten, keine Fußballpossen, keine Waldbrände, keine Flüchtlingsdramen und keine Klimakatastrophe. Dafür eine viel bissigere, tödlichere Gefahr. Das Reptil lauerte hinter jeder Flussbiegung, konnte jeden Moment auftauchen und nach einem schnappen!

Und das Ende vom Lied? Ein Alligator-Experte aus Niedersachsen wurde angeheuert. Der Mann inspizierte den Tatort, musterte die abgestorbenen Stämme an dem träge fließenden Gewässer und sagte ungerührt: Kein Krokodil. Ein Biber.

Ein Biber?! Ich fasse es nicht. Wie stehen wir nun da? Als Bananen-Ossis, die keinen Nager von einem Krokodil unterscheiden können? Und das im 30. Jahr der deutschen Einheit ... Moment mal. Was ist das überhaupt für ein Experte? Was maßt sich dieser hergelaufene Zoo-Heini an. Komm, Schnappi! Mach schnell! Ich hab' einen fetten Happen für dich.

Wohin geht der rüde Clown?

In noch nicht allzu ferner Vorzeit wurde der Überbringer schlechter Nachrichten geköpft. Daran muss ich jeden Morgen denken, wenn ich die eigene Zeitung aufschlage: Die Pandemie ist auf dem Vormarsch, die Wirtschaft fährt in den Keller, alte Konfliktherde schwelen weiter und neue Kriege brechen aus. Vom Klimawandel ganz zu schweigen. Seit einer Woche sind nun auch die Kneipen und Hotels wieder dicht. Man kann weder verreisen noch öffentlich seinen Frust runterspülen.

Immer nur Negativ-Meldungen! Muss ich mir als Journalist einen Leibwächter zulegen? Ich suche nach einem Lichtschimmer und werde auch bei den CDU-Kanzlerkandidaten nicht fündig – Laschet, Merz und Röttgen. Mutti Merkel ist nicht zu beneiden. Und der vierte Anwärter, der vom Koalitionspartner SPD, absolviert gerade eine steile Karriere vom Finanz- zum Schuldenminister. Die Welt ist nicht so, wie wir sie gern hätten. Ach, wären wir doch nur „Lügenpresse", dann könnte ich mir alles schönschreiben.

Aber eine gute Nachricht gibt es heute ja doch: In den USA kehren Respekt und Anstand auf die politische Bühne zurück. Der rüde Clown mit der Elvis-Tolle muss wieder in die Kiste, wo man seine Rüpeleien nicht mehr so merkt. Trotzdem sollten wir uns nicht in Sicherheit wiegen. Trump wäre nicht Trump, wenn er nicht noch einen letzten Trumpf im Ärmel hätte. Während des Wahlkampfes drohte er damit, dass er im Falle einer Niederlage vielleicht das Land verlassen müsse. Nur ein Scherz, denn ein Trump verliert ja nicht, er wird höchstens um seinen Sieg betrogen. Aber was, wenn er nun, da man ihn bald aus dem Weißen Haus jagt, seine Posse wahrmacht? Wohin geht er dann? Womöglich, ich wage es kaum hinzuschreiben, kommt er zu uns. Der Mann hat deutsche Wurzeln! Was, wenn sich Donald Trump auf seinen Opa Friedrich beruft, der 1885 Deutschland in Richtung USA verließ, und in die Heimat seiner Vorväter auswandert? Die gute Nachricht könnte am Ende doch noch eine schlechte sein.

Sag mir, wo du sitzt!

„Sag mir, wo du stehst“, sang einst Hartmut König, der Häuptling der FDJ-Singebewegung. „Sag mir, wo du stehst und welchen Weg du gehst!“ Die Welt war noch überschaubar. Hier standen wir, und dort, hinterm Eisernen Vorhang, stand der „Klassenfeind“. Er lauerte auch in den eigenen Reihen, weshalb man bei jeder Gelegenheit seinen Standpunkt bekräftigen sollte. Heute ist die ideologische Firewall gefallen, doch wer blickt noch durch? Es wird immer schwieriger, News von Fake-News, Wahrheit von Lüge zu unterscheiden. Das fängt bereits im Alltag an. Wie erkenne ich, ob mich jemand aus der Nachbarwohnung oder von den Fidschi-Inseln anruft?

Ich sitze im Homeoffice und mustere meine Kollegen während der Videokonferenz. Wir haben inzwischen Face-Time, und wenn die Verbindung stabil ist, sehe ich, bei wem sich ein Bauchansatz wölbt und wer sich die langen Haarsträhnen aus dem Gesicht wischen muss. Doch sitzen wirklich alle daheim beziehungsweise im Büro?

Hinter Markus erstreckt sich karibischer Traumstrand. Tino thront vor einer Hochhauskaskade. Sascha kämpft mit Schalke in der Arena, und Sylvia schwebt zwischen rosa Wolken. Die Chefredakteure blicken durch ein Bullauge und aus einem blau-weißen Farngebüsch. Da will auch ich nicht länger in meinem Arbeitszimmer sitzenbleiben und frage, wie sie das machen. Ein paar Mausklicks später habe ich mein eigenes Wohlfühl-Hintergrundbild.

Ich schwimme nun bei unseren Besprechungen mit Fischen, Quallen und Seepferdchen im Aquarium. Jedenfalls gaukelt der Computer es meinen Kollegen so vor. Sie sind beeindruckt, zumal die Software meine Konturen weichspült. Sobald ich mich bewege, ziehe ich einen Schweif Luftbläschen hinter mir her. Ich finde, das ist ein schönes Bild, weil es zeigt, wie leicht wir uns im Virtuellen auflösen und verlieren können.

Die Hinrichtung der Bäume

Meinen ersten Baum, ein Apfelbäumchen, habe ich als Kind mit meinem Großvater gepflanzt. Für unser Eigenheim wählten wir 30 Jahre später einen Platz mit einer uralten Linde, und im Garten haben wir ein Birkenwäldchen angelegt. Heute könnte man dort Tschechows „Drei Schwestern“ aufführen.

Ich mag Bäume, denn sie spenden Schatten, bieten Schutz und stehen für Gemeinschaft. Sie sind Teil unseres Liedguts, Märchen- und Sagenschatzes. Nein, hier geht es nicht um das Waldsterben im Klimawandel. Es sind andere Meldungen, die mich beunruhigen.

Vor wenigen Tagen haben Unbekannte in Zwickau eine gepflanzte Eiche umgesägt, die an den Blumenhändler Enver Şimşek, das erste Mordopfer des „Nationalsozialistischen Untergrunds“ (NSU), erinnerte. Danach zertrümmerten sie noch eine zu seinen Ehren aufgestellte Holzbank. Şimşek wurde im September 2000 von den Thüringer Rechtsterroristen und mehrfachen Mördern Uwe Mundlos und Uwe Böhnhardt erschossen.

Zwickau ist weit weg? Dann blicken wir nach Weimar.

Dort wurden im Juni fünf Bäume zerstört, die an Buchenwald-Häftlinge erinnerten. Die Stadtverwaltung spricht von Vandalismus, was eine Verharmlosung ist, denn es handelt sich ausschließlich um Bäume, die im Rahmen des Gedenkprojektes „1000 Buchen“ durch das Lebenshilfe-Werk Weimar-Apolda gepflanzt wurden. Die Buchen sollten die Erinnerung an die Todesmärsche von KZ-Häftlingen sowie an die

Opfer des Euthanasie-Programms der Nationalsozialisten wachhalten, mit dem „unwertes Leben“ ausgelöscht wurde. Man schaue sich die Bilder an: Vier Bäume wurden unterhalb der Krone abgebrochen, einer abgesägt. Eine Hinrichtung. Und schon zu Jahresbeginn waren die Gedenkschilder von zwölf Bäumen an der zum ehemaligen Konzentrationslager Buchenwald führenden Straße herausgerissen und im Wald verscharrt worden. Offensichtlich wollten die Täter ein Zeichen setzen: Hört endlich auf, an die Verbrechen der Nazis zu erinnern! KZ, Völkermord und Holocaust waren doch bloß ein „Vogelschiss“!

Vorsicht, kleine grüne Monster!

Da rollt der NASA-Rover „Curiosity“ über den roten Planeten und zeigt uns, was sein Kameraauge sieht: eine endlose Wüste und im Hintergrund Berge. Genauso hatte ich es mir vorgestellt, damals, als ich selber dort war. Vor nunmehr 47 Jahren. Nur erlebte ich es in meiner ersten Science-Fiction-Erzählung „Der Marssturm“ (Das Neue Abenteuer, Heft 361) weitaus dramatischer: „Luco zog gerade die Sicherheitsgurte fest, als er ihn entdeckte. Am Horizont ballte sich ein gewaltiger, dunkel wogender Staubwall. Wie ein gefräßiges Tier verschlang er auch den letzten Lichtstrahl und hinterließ eine schreckliche Finsternis.“

Ich war 17, als ich diese Zeilen schrieb, und fühlte mich zum Genre Wissenschaftliche Phantastik hingezogen. Weil die Betonung auf Wissenschaft lag, kommen in meiner Geschichte keine Marsmenschen vor. Aber es gab sie trotzdem. In Herbert George Wells' Roman „Der Krieg der Welten“ landen sie als Blutsauger auf der Erde. In einer russischen Erzählung treten sie mit einem dritten Auge auf der Stirn aus dem Spiegel. Sie leben in einer Parallelwelt, und dorthin wäre ich ihnen allzu gerne gefolgt. Doch als „seriöser“ Autor glaubte ich seinerzeit nicht an Leben auf dem Mars.

Heute bin ich mir nicht mehr sicher. Menschenfressende Monster und grüne Männlein mit drei Fingern an jeder Hand sind natürlich Quatsch. Aber was, wenn der Rover auf dem Mars etwas findet, das viel kleiner und robuster ist und seiner lebensfeindlichen Umgebung trotzt? Ein Virus zum Beispiel, das seit Jahrmillionen davon träumt, den unwirtlichen Planeten zu verlassen. Ich würde meine Geschichte heute anders schreiben und sie aus der Sicht der winzigen grünen Monster erzählen: „Sieh mal“, sagt das eine Mars-Virus zum andern, „da kommen sie endlich, um uns auf die Erde zu holen. Bist du bereit? Dann los! Wir müssen uns nur gut genug in den Gesteinsproben verstecken.“ Die Ankunft des Rovers macht in Windeseile die Runde. „Hui!“, schallt es fröhlich aus Kratern, Felsritzen und Sandlöchern. „Auf zum blauen Planeten! Rückfahrkarte? Brauchen wir nicht.“

Philosophen auf Samtpfoten

Katzen sind eigenwillige Gefährten. Unter ihrem Fell steckt oft ein kleiner, stiller Prophet. Sie sind klüger als wir, weil sie schnurren und schweigen und für sich behalten, was andere an die große Glocke hängen. „Meine Katze weiß von mir am meisten“, singt der Liederpoet Hans-Eckardt Wenzel. „Ihr Gedächtnis ist unglaublich scharf. / Sie spricht nicht drüber, kann sie sich nicht leisten, / Denn ich sorg für ihren Katzenfutterbedarf.“ Natürlich gibt es Ausnahmen. E.T.A. Hoffmanns eitler Kater Murr, zum Beispiel, hat seine Lebensansichten auf der Rückseite der Biografie des berühmten Kapellmeisters Johannes Kreisler notiert.

Mit wem teile ich eigentlich Stube, Sofa und Bett?

Meine Katze bleibt, wenn ich sie rufe, in der Deckung. Soll sie mir auf den Schoß springen, dreht sie schnöde ab. Aber wehe, ich setze mich an den Schreibtisch! Schwupp, schon ist sie oben und stolziert über meine Computertastatur. Da hilft kein Betteln und Schubsen. Behagt es ihr, legt sie sich nieder und sorgt für eine Schreibblockade. „Man kann sie nicht dressieren! / Sie ist nicht demokratisch! / Nur wach und weich. / Dass Geld ihr nichts bedeutet, macht sie sehr sympathisch." Wenzel hat es auf den Punkt gebracht. Und fährt preisend fort: „Sie ist ein Genie! Keiner denkt so wie sie."

Wie meine Katze denkt, kann ich bestenfalls erahnen. Manchmal legt sie mir eine Maus vor die Füße. Manchmal leckt sie mir die Butter vom Brot. Maunzt sie, öffne ich ihr alle Türen. Liegt sie mit geschlossenen Augen auf mir, kann ich ihr Schnurren nicht immer interpretieren. Resümiert sie den Tag? Träumt sie vom Faulenzen oder von wilden Jagden? Ich weiß aber, dass sie heimlich liest und ihre Meinung mitunter auf recht krude Weise kundtut. Neulich hat sie in die aufgeschlagene Autobiografie von Egon Krenz gekotzt.

Generation Copy & Paste

Nun also auch Annalena Baerbock. Die grüne Kanzlerkandidatin soll abgeschrieben haben. Nicht bei einer Doktorarbeit, die kommt vielleicht später, sondern in ihrem Buch „Jetzt. Wie wir unser Land erneuern". Ihrem? Welcher Politiker schreibt denn seine Bücher noch selber. Und hat sie tatsächlich abgeschrieben? Das passiert doch nicht mal mehr in der Schule. Mit Verlaub, heutzutage wird auf Teufel komm raus kopiert!

Copy & Paste – jedes Smartphone-Kind weiß, wie das geht. Und da wollen sich Prominente natürlich nicht abhängen lassen. Ich habe mal nachgeschaut, wer in letzter Zeit so alles wegen Plagiatsvorwürfen seinen Doktortitel zurückgeben musste. Die Liste ist lang und reicht von Karl-Theodor zu Guttenberg (CDU) bis Franziska Giffey (SPD). Auch die Liberalen sind vertreten. Und in welchem Zeitraum haben die geschummelt? Einer noch im Jahr 1999, alle anderen erst nach der Jahrtausendwende.

Schuld ist ... Na klar, das Internet, das es ihnen leicht machte, sich mit fremden Federn zu schmücken. Wo Urheberrechte scheinbar keine Rolle spielen. Ist doch eh alles kostenlos, also kann man sich nach Belieben bedienen. Ich habe es bei unseren Töchtern im Teenageralter erlebt. Hausaufgaben? Klick. Schulreferat? Klick, klick. Schon war es fertig und musste nur noch glaubhaft als das eigene vorgetragen werden. Selbst für eine Dissertation braucht heute niemand mehr tage- und wochenlang im Lesesaal zu sitzen und eigenhändig Exzerpte zu erstellen. Exzerpt, Frau Ex-Doktorin Schavan, bitte mal googeln! Ist mühsam, ja. Früher wurde fremdes Gedankengut auf dem Papier sogar als solches ausgewiesen und mit Anmerkungen versehen. Ich habe meine Doktorarbeit noch eigenhändig verfasst und bis zur letzten Fußnote von einer Stenotypistin abtippen lassen. Stenotypistinnen gibt es wahrscheinlich auch nicht mehr. Dafür jede Menge Plagiatsjäger. Die jagen aber auch nicht selber, sondern lassen Algorithmen für sich jagen. Ich geh' schon mal in Deckung.

Hätte Goethe lieber getwittert?

Wann haben Sie zuletzt einen Brief geschrieben? Nein, keine E-Mail, ich meine einen richtigen, mit Tinte auf Papier. Vielleicht sogar einen Liebesbrief? Ich hoffe, Sie bekommen noch regelmäßig private Post. Im geschlossenen Umschlag mit gestempelter Briefmarke, den Sie aus dem Kasten holen und behutsam aufschlitzen. Heute, am Welttag des Briefeschreibens, darf man doch mal fragen, ob sie überhaupt noch gepflegt wird, unsere schöne, edle Briefkultur.

Einer der eifrigsten Schreiber war …? Richtig: Goethe! Von ihm sind etwa 15.500 Briefe an mehr als 1400 Adressaten bekannt. Allein 1700 soll er zwischen 1775 und 1788 an seine Freundin und heimliche Muse Charlotte von Stein verfasst haben. Dem Dichterkollegen Schiller sandte er etwa 550. Und Goethe schrieb mit „Die Leiden des jungen Werthers" auch den berühmtesten Briefroman aller Zeiten.

Das Briefeschreiben erfordert, nun ja, einige Mühe. Nehmen wir den Liebesbrief. Da beginnt es schon bei der Papierauswahl. Bütten oder Pergament? Handgeschöpft oder vom Block? Und es gilt die Order: Erst nachdenken, dann schreiben, sonst fängt man immer wieder von vorne an. Ist man beim dritten oder vierten Versuch fehlerfrei bis ans Ende gekommen, wartet man, bis die Tinte getrocknet ist, faltet den Bogen und steckt ihn ins Kuvert. Nicht gleich zukleben! Am besten alles noch mal überschlafen. Ist man am Morgen noch zufrieden mit den gewählten Formulierungen, frankiert man den Umschlag und bringt ihn zur Post. Nun folgt das von mulmigen Bauchgefühlen begleitete Warten und Bangen. Wird sie oder wird er meine Gefühle erwidern? Mit welchen Worten? Und lässt sich womöglich schon an der Schrift erraten, ob es gefunkt hat? Vom Briefeschreiben geht auch eine therapeutische Wirkung aus, denn es entschleunigt. Wenigstens ab und an sollten wir uns Zeit und Muße nehmen – zum Nachdenken, Schreiben, Lesen und Träumen.

Würde Goethe heute twittern? Ein so komplex denkender und umsichtig handelnder Mensch wie unser Dichterfürst hätte vermutlich mit dieser Form der Vereinfachung und Sprachverstümmelung nichts am Hut. Gut, ein Handy vielleicht in der Satteltasche. Aber nur, um per SMS seine Besuche anzukündigen: „Hi lotti! komme heut abend aufn ritt. LgG."

Die Sorgen meiner Mutter

Vor einiger Zeit schrieb Kollege G., er könne über seine Mutter nur Gutes berichten. Nun, sie war gerade gestorben. Der Tod meiner Mutter liegt jetzt 17 Jahre zurück, und wenn ich an sie denke, dann mit gemischten Gefühlen. Natürlich habe ich sie geliebt, so wie man als Kind, das man ihr gegenüber ja zeitlebens bleibt, seine Mutter eben liebt. Aber es gab Reibungen.

Sie war im Krieg ausgebombt worden und konnte deshalb die Schule nicht abschließen. Sie heiratete einen Akademiker, und ihre Söhne sollten ihrerseits Karriere machen. Das hieß für mich, immer der Beste zu sein. Im Kindergarten, in der Schule, beim Sport, beim Studium, im Berufsleben. Wenn das nicht klappte, ließ sie mich ihre Enttäuschung spüren.

Auf ihre Weise hat auch Mutter uns geliebt. Mich ein bisschen mehr als meinen Bruder, weil ich die besseren Noten heimbrachte. Nach der Wende kehrte sich das um. Mein Bruder machte als Anwalt Karriere, ich war nur Kulturredakteur. Als das Haus, in dem unsere Eltern zur Miete wohnten, an den Westberliner Alteigentümer zurückgegeben wurde, baute mein Bruder ihnen ein neues. Ich übernachtete, wenn ich dort zu Besuch war, im Gästezimmer. Als ich später mit einem meiner Bücher Erfolg hatte, schöpfte Mutter noch mal Hoffnung. Sie erzählte allen, was für ein berühmter Autor ich sei. Das kurbelte den Verkauf ein wenig an, für einen Bestseller-Platz reichte es nicht.

Ihre allergrößte Sorge aber war, dass ich nicht rechtzeitig unter die Haube komme. Sobald ich eine Freundin mitbrachte, setzte sie ihr verbal die Pistole auf die Brust: „Was ist? Heiraten Sie meinen Sohn nun oder nicht?" Eine, die das nicht abschreckte, heiratete mich tatsächlich. Als ihre Oma mein Alter erfuhr, rief sie entsetzt: „Was, der ist schon 27 und noch ledig? Mit dem stimmt doch was nicht ..."

Tja.

Nur das Das kann uns noch retten!

Liebes Leser! Nein, das ist kein Fehler, das ist gendergerecht. Benutze ich nämlich das männliche Artikel, fühlt sich das Frau diskriminiert. Wähle ich das weibliche Anrede, macht das Mann nicht mehr mit. Ergo: Von nun an verwende ich nur noch das sächliche Artikel.

Das Vater, das Mutter, das Kind. Das Doktor, das Professor. Das Löffel, das Gabel. Das Macho, das Amazone. Ist doch gerecht – oder?

Dachte ich. Doch dann kaufte ich mir das Wochenzeitung DIE ZEIT. Dort stand, zwischen weiblich und männlich existiere ja auch noch das dritte Geschlecht. Eins? Viele!!! Das schwule, das lesbische, das bisexuelle, das transsexuelle, das intersexuelle, das queere ... Ehrlich gesagt, das übersteigt mein Vorstellungsvermögen. Wer weiß schon genau, wie viele Gender es gibt? Und für alle schlägst du, liebes Duden, vor, ein Sternchen (*) oder ein Underline (_) zu setzen?

An einigen Universitäten wird heute schon fleißig gegendert, leider in fälschlicher, diskriminierender Form. Das Anrede „Sehr geehrte Professoren und Professorinnen“ reicht nicht. Auch in dem Konstrukt ProfessorInnen finden die Zwischengeschlechter keinen Platz. Also, wie viele Stars und Underlines brauchen wir? Und wie spricht man sie korrekt aus?

Liebes Leser, stellen Sie sich mal Gedichte und Novellen, gespickt mit Sternchen und Unterstrichen vor. Und erst das Minnesang! Ob Walter von der Vogelweide wohl daran dachte, dass bei seinen Ständchen außer Mann und Frau noch andere Liebhaber-Genderstern-Underline-Innen vor Begehren seufzten? Das Liebe ist schließlich ein Himmelsmacht!

Tut mir leid, es geht nicht anders. Wir müssen versächlichen. Nur das Das kann das Krieg zwischen Genus und Sexus verhindern. Also: das Büstenhalter und das Hosenschlitz. Das Hoden und das Eierstock. Das Zwitter sowieso. Nur das Das kann uns noch retten, denn das Das macht alles gleich. Und natürlich das liebe Herrgott.

Bin Pirat und kinderlieb

Eigentlich wusste ich seit Wochen, wen ich wähle. Doch dann dachte ich, schaust mal, was der Wahl-O-Mat dir rät. Das Ergebnis? Ein Fiasko! Ich habe es dreimal versucht, als Deutscher, als Türke und als Finne, und immer haben die Kinderlieben gewonnen. Beim dritten Versuch verweigerte ich die Antwort zum Tempolimit, trotzdem lag die Partei für Kinder, Jugendliche und Familien wieder vorn, gefolgt von der Partei der LIEBE. Also, wenn die auch nur den Hauch einer Chance hätte ...

Irrt der Wahl-O-Mat oder surfe ich neben der Spur? Erst an vierter Stelle erscheint bei mir eine bekannte Volkspartei. Noch davor liegen die Piraten. Die Freibeuter des Internets! Ich frage mich, womit unser Freund, der Wahlhelfer, gefüttert wurde. Mit Cannabis? Aber es gibt ja noch Alternativen. Was sagt mir der Wahl-Swiper? Ich rausche als bekennender Radfahrer durch den Parcours, und am Ende schleudert es mich aus der Kurve: Die Grünen landen weit hinter den Grauen, der DKP und – ich fasse es nicht – der NPD! Beim Wahl-Kompass bin ich mit meinen Forderungen und Wünschen von allen ernstzunehmenden Parteien fast 50 Prozent entfernt. Mit zitternder Nadel empfiehlt er mir ein Bündnis aus Rot, Rot und Grün.

Zum Schluss noch der Klima-Check. Hier hätte ich die größte Übereinstimmung mit den Grünen erwartet, doch die werden von den Linken überholt. Sind die jetzt grüner als die Grünen? Die SPD, die Partei des plakatierten „Klimakanzlers“, dümpelt im flickenbunten Hauptfeld mit. Völlig bekifft können Wahl-O-Mat, Wahl-Swiper und Wahlkompass aber doch nicht sein. Egal wo ich unterwegs bin, Björn Höckes Trupp trägt immer die rote Laterne.

Vollmundig in die Katastrophe

Neulich wurde in der Redaktionskonferenz darüber beraten, wie mit der jüngsten Empfehlung unseres Katastrophenministers umzugehen sei. Es könne schließlich jeden treffen, jederzeit und überall. Was? Na, der Terror, ein Tornado, ein Amokläufer, der Klimawandel oder eine Cyberattacke. Darauf muss man vorbereitet sein.

Wir schauen auf Steffen, der spontan einen Selbstversuch gestartet hat. Unser Jungreporter hat sich mit Vorräten eingedeckt und will versuchen, damit zwei Wochen lang zu überleben. Jeden Morgen warten wir gespannt auf seinen

Bericht. Da die Einträge unverzüglich ins Netz gestellt werden, kann man sie weltweit mitlesen. Vermutlich beneiden die Hungernden in Afrika, Indien und Asien unser Versuchskaninchen, wenn sie erfahren, was es in Westeuropa im Notfall zu essen bekommt: Büchsenbohnen, Ölsardinen, Knäckebrot, Bitterschokolade, Pfirsichkompott …!

Am dritten Tag seines Überlebensexperiments erkundigt sich Steffen bei einer Sterneköchin, wie man aus Konserven schmackhafte Menüs kreiert, und reicht auch die Rezepte an seine Leser weiter. Die Quote der Online-Ausgabe schnellt in die Höhe. Meine Bedenken, dass bei einer Katastrophe die Handynetze nicht mehr funktionieren, wird von den Chefredakteuren beiseite gewischt. Irgendwann kommt die Frage auf, ob man im Ernstfall nicht auch einen Bunker brauche. In Thüringen haben wir zum Glück ausreichend davon. Aber wer von uns zieht dort ein, um sie für die Leser zu testen?

Es ist Winter, und ich pfeife auf alle Regierungsempfehlungen und Ratgeberseiten. Statt im beheizten Bunker Steffens Sterneköchin zu folgen, halte ich mich lieber an meinen Großvater, der zu mir gesagt hat: „Iss, mein Junge, immer iss! Damit du, wenn's mal schlechter kommt, was zum Zusetzen hast." Auf diese Weise haben wir sogar die DDR-Mangelwirtschaft überlebt.

Ein Porno in Peking

30 Jahre deutsche Einheit auf allen Plätzen und Kanälen. Für uns war es ja eher ein Beitritt. Den Tag des ostdeutschen Beitritts zu feiern, ging natürlich nicht, denn es würde die Westdeutschen vom Jubel ausschließen. Die Sieger der Geschichte hatten schon beim Mauerfall das Nachsehen,

wurden regelrecht vom Trabi überrollt. Vielleicht ließe sich aus heutigem Abstand der Prozess so zusammenfassen: Die heldenhaften Verlierer sind zu den Gewinnern übergelaufen, die ihre starken Arme ausstreckten und sie liebevoll pressten.

Die Vereinigung habe ich hinter der größeren, der chinesischen Mauer verpasst. Zur Währungsunion kamen wir zurück, fuhren mit der S-Bahn zum Ku'damm, um unserem Sohn ein italienisches Eis und uns ein DDR-Buch zu kaufen, das im Osten vergriffen war: Franz Fühmanns „Die dampfenden Hälse der Pferde im Turm zu Babel".

Ich blättere in meinem Tagebuch und stelle fest, dass es am 11. September 1990, drei Wochen vor dem großen Akt, endet. Der letzte Eintrag lautet: „Ich war noch mal in Peking, um der Deutschabteilung abzusagen und die Umzugskisten zu packen. Am Abend luden mich die Brüder vom Deutschen Akademischen Austauschdienst zu einem Umtrunk ein. Es waren tatsächlich nur Männer, und einer von ihnen hatte eine Porno-Kassette durch den chinesischen Zoll geschmuggelt. Eigentlich hätte ich die nächsten zwei Jahre mit ihnen unterrichten sollen, nun sahen wir nur gemeinsam diesen Film, der auch von Vereinigung handelte. In einem Supermarkt fuhren langbeinige, barbusige Verkäuferinnen in Röckchen auf Rollschuhen an vollen Regalen entlang. Immer wenn sie sich nach einem Produkt bückten, sah man ihren blanken Po."

Lügen bekommen immer längere Beine

Wir leben in verwirrenden Zeiten. Im postfaktischen Zeitalter, wie manche behaupten. Soll heißen, wer sich die Mühe macht, mit Zahlen und Fakten zu argumentieren, hat schon verloren.

Faken geht leichter. Man braucht nur in die sogenannten sozialen Netzwerke zu schauen. Von wegen: Lügen haben kurze Beine! Ihre Beine werden länger und länger und flitzen in Sekundenschnelle um die Welt.

Ein bekanntes Beispiel ist die Amtseinführung von Donald Trump: Das demokratische Amerika war empört, während die Anhänger des Twitter-Clowns triumphierten. Dennoch versammelten sich weniger Menschen vorm Capitol, als vom Trump-Lager erhofft, und deutlich weniger, als 2009 bei der Amtseinführung von Barack Obama. Die Zeremonie des ersten farbigen Präsidenten der USA hatten 1,8 Millionen Menschen besucht, zu Trump kamen nur Bruchteile davon. Trotzdem behauptete sein später geschasster Pressesprecher Sean Spicer, dass dies das größte Publikum gewesen sei, das jemals bei einer Vereidigung dabei war, sowohl vor Ort als auch weltweit.

Es gab ein Nachspiel. In einer NBC-News-Sendung erwiderte Trumps Beraterin Kellyanne Conway auf die Frage, warum Spicer widerlegbare falsche Angaben zu den Zuschauerzahlen der Vereidigung gemacht habe: „Sie sagen, dass es eine falsche Behauptung ist, und Sean Spicer, unser Pressesprecher, hat alternative Fakten dazu vorgelegt."

Der Begriff „alternative Fakten" macht seither die Runde und wurde in Deutschland zum Unwort des Jahres gekürt. Das sei der „verschleiernde und irreführende Ausdruck für den Versuch, Falschbehauptungen in der öffentlichen Auseinandersetzung salonfähig zu machen", begründete die Jury ihre Entscheidung. Sprache, ob salonfähig oder nicht, widerspiegelt die gesellschaftlichen Verhältnisse. Das Wort des Jahres lautet übrigens „Jamaika-Aus". Für mich auch eher ein Unwort.

Der rätselhafte Westdeutsche

Vor dem 30. Jahrestag des Mauerfalls schickte der „Spiegel“ seine Reporter los, um endlich das Rätsel um die Ostdeutschen zu lösen. Das hörte sich so an, als wolle man Erkundigungen über den Yeti, den sagenhaften Schneemenschen, einholen, von dem man nicht genau weiß, ob er überhaupt existiert. Auf jeden Fall gibt es Yetis Bruder, den rätselhaften Westdeutschen, dem bin ich leibhaftig begegnet.

Es war Ende der 90er-Jahre. Wir hatten gebaut und wollten, um den Kredit schneller abzuzahlen, eine kleine Einliegerwohnung vermieten. Also gab ich ein Inserat auf. Schon tappte er in die Falle. Nein, er fuhr vor. Ich schloss ihm die Tür auf. Bedächtig lief er durch die Räume, knipste nacheinander alle Lampen an, klopfte die Wände ab, drehte Wasserhahn und Handbrause auf und starrte lange aus dem Fenster.

„Nun?“, fragte ich.

„Nun“, sagte er. „Wirklich schön haben Sie's hier.“ Doch wenn er der Vermieter wäre, fuhr er zögernd fort, würde er erstmal eine Wand einziehen, um den Schlafbereich abzuteilen, das spare Heizkosten. Dann würde er überall Energiesparlampen einschrauben und den Wasserstrahl minimieren, um die Nebenkosten weiter zu senken. Die Fenster seien zwar doppelt verglast, aber der Ausblick ... Man schaue direkt auf den Ettersberg – war da nicht ein KZ? Und dann bräuchte er noch einen Stellplatz für seinen Wagen.

„Den können Sie doch bequem an der Straße abstellen“, sagte ich.

Er blickte mich entgeistert an. „Unter der alten, morbiden Linde? Bei Beulen und Kratzern im Lack übernehmen Sie aber die Kosten!“

Ich schwieg. Er wartete.

„Und wenn ich das nicht tue?“, fragte ich schließlich.

„Wenn nicht, dann …“ Er griff seinen Mantel, schritt durch die Tür nach draußen und war schon auf dem Weg zu seinem Auto, als er sich noch einmal zu mir umdrehte und rief: „… dann müsste ich Sie verklagen.“

Bitte nicht auf den Sack gehen

Als älterer, weißer Mann erkläre ich hiermit, dass mir die im Namen einer politischen Korrektheit und Geschlechtergerechtigkeit um sich greifende Bereinigung, Verwässerung und Verstümmelung unserer schönen, reichhaltigen deutschen Sprache, die natürlich auch reich an historischen Missbildungen, patriarchalischen Anmaßungen und drastischen Bildern ist, gehörig auf den Sack geht. Das sage ich, weil es meinem Naturell entspricht. Ich spreche nicht für das männliche Geschlecht, sondern einfach, wie mir der Schnabel gewachsen ist.

Jetzt werden vermutlich die Tierwohlwächter aufschreien, denn ein weißer Mann mit Sack und Schnabel, das beleidigt natürlich die Vogelwelt. Sei's drum. Ich will hier auch kein Hühnchen rupfen, sondern den Stier bei den Hörnern packen: Wird tatsächlich das weibliche und diverse Geschlecht durch unsere historisch gewachsene und literarisch verfeinerte Sprache diskriminiert? Ist es nicht längst so, dass blinder Eifer und Dummheit Dichtung und Dichter beleidigen? Wie kann, wer die geschichtlichen Prägungen der Sprache ignoriert und nicht in der Lage ist, zwischen grammatischem und biologischem Geschlecht zu unterscheiden, vorschreiben wollen, wie er, sie oder es zu sprechen hat?

Die Debatte nimmt immer groteskere Züge an. Darf, so wird am Beispiel der jungen Lyrikerin Amanda Gorman ernsthaft erörtert, eine weiße Person noch Texte einer schwarzen Autorin übersetzen, die über Rassismus-Erfahrungen schreibt? Muss man, frage ich, um die Diskriminierung von Schwarzen zu empfinden, unbedingt schwarzer Hautfarbe sein? Und muss, wer sich mit Hungernden solidarisieren will, selbst am Hungertuch nagen? Dürfen demnächst nur noch Schwarze über Schwarze, Weiße über Weiße, Schwule über Schwule und Fettleibige über Fettleibige schreiben?

Nur zur Erklärung: Auch die Redewendung „Geh mir nicht auf den Sack“ hat ihre Geschichte. Im Mittelalter wurden kostbare Säcke zum Trocknen an der Grundstücksgrenze ausgebreitet. Trat jemand von außerhalb auf das Leinen, überschritt er eine Grenze und ging dem anderen sprichwörtlich „auf den Sack“.

Servus, ich heiße Covid!

Liebe Wirtinnen und Wirte! Liebe Menschen! Doch, wir kennen uns. Ich heiße Covid und bin seit anderthalb Jahren euer treuer Begleiter. Ich weiß, ihr mögt mich nicht und wollt mich loswerden, weil ihr in mir die Ursache allen Übels seht. Dabei bin ich genauso ein Bewohner dieses Planeten wie ihr. Ich bin sogar schon viele Millionen Jahre länger hier und meine Vorfahren haben mit dafür gesorgt, dass ihr es heute schön habt. Wir Viren sind nach eurer Auffassung zwar nur Halblebewesen und etwas einfacher gestrickt, dafür fleißiger bei der Vermehrung. Aber nur, wenn ihr uns dabei helft.

Sind wir nicht ziemlich beste Freunde? Ich jedenfalls fühle mich wohl in euch. Ich reise mit euch. Ich feiere mit euch. Ich brauche kein Ticket, denn ihr nehmt mich überall hin mit.

Eure Großzügigkeit, euer Hochmut und – Pardon! – eure Dummheit geben uns Kraft. Hallo Querdenker, danke, dass ihr für uns demonstriert! Liebe Corona-Leugner, haltet durch! Um unsere Dankbarkeit zu erweisen, wollen wir für euch eine Hall of Fame errichten, in der auch Impfgegner einen goldenen Eintrag bekommen.

Ihr seht euch als die Krone der Schöpfung und strebt die Herrschaft über die Natur an? Da sind wir bescheidener. Wir wollen nur euch beherrschen. Was ja auch schon ganz gut klappt. Zumal ihr es uns leicht macht. Weiter so! Glaubt nicht der Wissenschaft. Glaubt nicht den Virologen. Glaubt mir, eurem Covid. Ich bin harmlos. Ich liebe euch alle. Also, Masken runter! Reicht euch die Hände! Versammelt euch! Umarmt euch! Küsst euch! Habt euch und mich richtig lieb! Oder wie man in den besten Corona-Kreisen zu sagen pflegt: Infiziere deinen nächsten wie dich selbst!

Wirklich aufgewacht?

„Wir sind heute in einer anderen Welt aufgewacht." Dieser Satz der grünen Außenministerin Annalena Baerbock, seit dem Morgen des 24. Februar tausendfach zitiert, geht mir nicht aus dem Kopf. Er beschreibt mehr noch als die Wirklichkeit unsere veränderte Sicht darauf. Wir sehen mit entsetzlicher Klarheit, was wir zuvor nicht wahrhaben wollten. Dass Wladimir Putin schon seit Längerem die europäischen Staatsoberhäupter wie seine eigenen Vasallen am Nasenring um den langen Tisch herumführt. Mit Lügen, Beschwichtigungen und falschen Versprechungen. Dass der Überfall auf die Ukraine von langer Hand geplant war. Und dass es uns seit dem Zusammenbruch des Ostblocks nicht gelungen ist, eine Sicherheitspartnerschaft mit dem mächtigen östlichen Nachbarn aufzubauen.

Im Gegenteil, Barack Obama hat vor Jahren mit seiner Äußerung, Russland sei keine Weltmacht mehr, den Machtmenschen Putin zutiefst gedemütigt. Der russische Bär ist angefressen, nun schlägt er blindlings um sich.

Blindlings? Nein, mit eiskaltem Kalkül. Wir sind es, die nicht länger den Kopf in den Sand stecken dürfen. Die diesen Krieg in Europa für undenkbar hielten. Und wir träumen noch immer. Wir träumen davon, dass unser Leben wieder wie vor Corona werden würde. Dass der Klimawandel uns noch unendlich viel Zeit lasse. Dass die Demokratie unzerstörbar sei. Am selben Tag, an dem Putin ankündigte, die Ukraine „entnazifizieren" zu wollen, ergab eine repräsentative Umfrage, dass die AfD in Thüringen mit 24 Prozent erstmals stärkste Kraft werden könnte. Fast jeder vierte würde demnach jene Partei wählen, an deren Spitze ein Rechtsradikaler mit Nazi-Sprüchen steht.

Sind wir wirklich aufgewacht?

Der große Bruder

Winter 1964. Ich spiele hinterm Wohnblock am Moskauer Lenin-Prospekt, als mich Kinder in Filzstiefeln mit Schneebällen bewerfen. „Urrra!" schreien sie und: „Faschist!". Faschist? Ich? Vater versucht mir am Abend zu erklären, woher dieser Hass rührt. Nazi-Deutschland hat 1941 die Sowjetunion überfallen und unendliches Leid über die Russen gebracht. Fast jede Familie hat Angehörige verloren.

Am 9. Mai begleite ich ihn zum Roten Platz, wo sich am „Tag des Sieges" auf dem Lenin-Mausoleum die sowjetische

Partei- und Staatsführung feiern lässt. Kolonnen von Werktätigen tragen Porträts der Politbüromitglieder vorbei, dann marschieren die Streitkräfte auf. Der Befehlshaber fährt im offenen Jeep die Soldatenfront ab. „Urrra! Urrra! Urrra!" schallt es aus tausend Kehlen. Für mich hört sich das komisch an, weil die russische Zunge kein H sprechen kann. Sie sagt auch „Gitler" statt Hitler.

An der Kremlmauer bläst ein scharfer, kalter Wind, und ich habe Eisfüße. „Wann kommen die Raketen?", frage ich ungeduldig.

„Gleich, mein Junge."

Stalinorgeln und Mannschaftswagen mit Haubitzen bilden die Vorhut. Als Panzer über das Pflaster schrammen, schlägt mein Herz höher. Dann endlich rollen auf Lafetten die dickbauchigen, polierten Langstreckenraketen.

„Hat der Westen auch so viele Atomwaffen?", frage ich.

„Nicht so viele wie wir", erwidert Vater.

Ich bin sieben Jahre alt. Vater ist jüngster Botschaftsrat der DDR. Die Sowjetunion hat den Faschismus besiegt und Chruschtschow mit dem Stalin-Kult aufgeräumt. Wir sind überzeugt, auf der richtigen Seite zu stehen. 58 Jahre später, DDR und UdSSR sind Geschichte, überfällt Putin das ukrainische Brudervolk. Nie hätte ich gedacht, dass sich die Raketen einmal gegen mich richten könnten.

Ein Hoch auf den Tischenzwisch

Ein Koffer ist nicht nur ein Koffer

„Was machen wir mit dem alten Koffer?“, fragte K.

„Na, was wohl? Auf den Sperrmüll damit!“

„Aber der ist doch noch gut.“

„Meinst du, den will noch jemand haben?“

„Das werden wir ja sehen.“

Bisher war es immer so, dass Dinge, die gut sichtbar vorm Haus abgestellt wurden, auf Nimmerwiedersehen verschwanden. Mal ein Gartenstuhl, mal eine Stehlampe im kultigen Retro-Style. Oder eine Reisetasche, randvoll mit ausgelesenen Büchern. Bei uns kommen ständig Leute vorbei, darunter viele Migranten und Studenten. Doch diesmal war es anders.

K. hatte den Koffer mit einem Schildchen „Zum Mitnehmen“ am Sonntagabend vor die Tür gestellt. Dort stand er noch am nächsten Morgen. Als ich am Abend von der Arbeit heimkomme, parkt vorm Haus ein Streifenwagen. Zwei Polizisten hocken neben der Tür. Einer hält einen Stock in der ausgestreckten Hand und stochert vorsichtig an einem großen, schwarzen Gegenstand herum.

„Unser Koffer!“, rufe ich.

Die Polizisten richten sich auf.

„Sind Sie der Besitzer?“

Ich sehe dem Fragenden die Erleichterung an. Der andere zückt seinen Notizblock und erklärt: „Ein aufmerksamer Bürger hat diesen verdächtigen Gegenstand gemeldet.“

Ich starre ungläubig auf unser harmloses, altes Reiseutensil. Das Papierschildchen hat offenbar der Wind weggeweht.

„Verdächtig? Glauben Sie wirklich, dass da eine Bombe ...?“

Man tue seine Pflicht. Zum Glück sind die Ordnungshüter nicht gleich mit dem Sprengmeister angerückt. Ich begreife, dass ein Koffer heutzutage nicht mehr nur ein Koffer, sondern zugleich auch eine Bedrohung ist. Eine, die uns hätte teuer zu stehen kommen können. Nachdem die Beamten meine

Personalien aufgenommen und sich mit einem „Tun Sie das nie wieder!“ verabschiedet haben, schnappe ich unseren Koffer und trage ihn vorsichtig ins Haus zurück.

Warum ich für den Bachelor bin

Kennen Sie das? Man freut sich auf einen entspannten Champions-League-Abend, Achtelfinale, Bayern gegen Arsenal, und noch vor dem Anpfiff lümmeln bereits die Damen des Hauses auf dem Sofa und rücken die Fernbedienung nicht raus.

„Heute ist Bachelor-Tag!“

Gegen derart geballte Frauenpower hat der Fußballgucker keine Chance. „Warum gehst du nicht in die Kneipe“, bekommt er zu hören. Was soll ich dort unter lauter Bayern-Fans, wenn ich für Arsenal bin? Wut wandelt sich zu Trotz. Ich bleibe sitzen.

Die Damen sind irritiert. „Was denn, guckst du mit?“

Und ob! Mal sehen, was dieser gehypte Schönling auf der Pfanne hat ... Schlecht sieht er ja nicht aus, hat sogar Manieren. Der Bachelor begegnet jedem seiner Weibchen, ganz gleich, ob es chillt, schnattert oder tiefe Einblicke gewährt, zurückhaltend höflich. Das muss man erst mal schaffen, wenn einen 22 hübsche, hungrige Augenpaare mit Haut und Haar verschlingen ...

Nacheinander treten die Bewerberinnen zum Rendezvous mit ihm an. Caroline fragt Fabienne: „Na, wie war's?“

„Toll war's“, erwidert Fabienne. Bevor sich als Nächste Viola an das Alpha-Männchen heranpirscht, kommt erst mal Werbung. Ich darf kurz umschalten und erleide einen Tiefschlag: Bayern führt eins-null.

Dann wieder der Bachelor. Was wird hier eigentlich gespielt? Zwei Dutzend Frauen buhlen um ein und denselben Mann.

Der sagt durch die Blume, was er von ihnen hält. Verteilt Rosen, aber nicht für alle. Die Beschenkten blühen auf, die Verschmähten sind untröstlich. Das ist nichts anderes als Daumen hoch oder Daumen runter. Ein Kerl erhebt sich über sein Weibervolk!

Was sagt eigentlich unsere Oberfeministin dazu? Während Viola im Minikleidchen aufläuft, googele ich heimlich: Alice Schwarzer findet die Sendung „zum Kotzen“. „So weit sind wir jetzt wieder: Weibliche Demütigung ist geil“, urteilt das Frauenmagazin „Emma“.

Noch geiler ist, dass Arsenal, wie ich in der nächsten Werbepause registriere, kurz vor der Halbzeit ausgeglichen hat. Dann geht's auch beim Bachelor zur Sache. Die paarungswilligen Vögelchen hocken im Schwarm und belauern einander. Entscheidend ist, im Fernsehen zu sein und zu bleiben. So lange wie möglich.

Werbung: Verdammt, Bayern führt drei zu eins!

Bachelor: „Silvana, nimmst du diese Rose?“

Werbung. Beim Vier-eins liegen noch zwei Rosen auf dem Tisch. Beim Fünf-eins schalte ich freiwillig zurück.

Ich bin für den Bachelor.

Die Diktatur der Nilgänse

Eines Morgens wache ich auf, und es ist still. Unheimlich still. Sonst wurde ich immer von den Enten geweckt, genauer: vom Ego-Erpel. Das Alphatier der in städtischer Wildbahn lebenden Entenschar hielt schnatternd seine Rivalen nieder. Die fanden dennoch ihr Weibchen, paarten sich bei uns im Garten, aus den Nestern schlüpften Küken und machten hinterm Haus ihre Schwimmübungen. Doch nun: Totenstille. Kein Erpel, keine

Küken, kaum noch Enten. Die verbliebenen drängen sich ängstlich am Gartenzaun, während im Revier zwei Nilgänse drohend die Hälse recken. Die sind größer und kräftiger, ihre schwarz umrandeten Augen lassen sie wie geschminkte Clowns erscheinen. Sobald ich vor die Tür trete, erspähen sie mich.

Das Auge, woran erinnert es mich bloß? Richtig, an Georg Orwells „1984"! Big Nilgans is watching me! Doch nicht nur ich, auch die Nilgansküken und die wenigen Enten, die sich überhaupt noch in deren Nähe wagen, werden überwacht. Bislang hatten sie hier ihr Paradies: keine Feinde, dafür 20 bis 30 Fütterungen pro Tag. Was ist passiert? Ich lege mich mit Stift und Notizblock auf die Lauer:

6.30 Uhr: Habe meinen Beobachtungsposten am kleinen Wehr bezogen. Die Nilgansfamilie ist längst wach, macht Morgentoilette. Ein paar Enten schwimmen auf mich zu, wollen gefüttert werden. Nilbrother und Nilsister verfolgen es mit Argwohn.

6.50 Uhr: Nähere mich dem Nilganspaar, um die Jungen zu zählen. Es sind neun. Neun Venezianer, denn sie sind hier, in Erfurts Klein-Venedig an der Gera, geschlüpft. Woher kommen die Alten? Nicht wie ihre Vorfahren vom Nil. Sie sollen, lese ich im Internet, aus einem niederländischen Zoo ausgebrochen sein, seitdem verbreiten sie sich über ganz Mitteleuropa. In Thüringen haben sich bereits bis zu 400 Paare angesiedelt.

6.55 Uhr: Ein Jogger hechelt vorbei. Eine junge Frau macht neben mir ein Selfie. Die Nilgänse posieren wie Popstars.

7.05 Uhr: Drei Radfahrer stoppen vor der Brücke und werfen Brotkrumen ins Wasser. Sofort startet Nilbrother und beißt die Enten weg. Ich frage die Radler, ob sie in diesem Jahr schon Entenküken gesehen haben. Kopfschütteln. Die Nilgänse, behaupten sie, machten alles platt, würden sogar ausgewachsene Enten unter Wasser drücken oder ihnen den Kopf abbeißen. Ob sie das selbst gesehen haben, frage ich. Nein, nur davon gehört.

7.10 Uhr: Ich suche das Terrain vergeblich nach Entenkadavern ab.

7.30 Uhr: Seit einigen Minuten bin ich nicht mehr allein. Neben meinem Beobachtungsposten turtelt ein Liebespaar. Nilbrother dreht uns demonstrativ den Hintern zu und lässt es klacken.

8 Uhr: Die misstrauischen Gänse nehmen ein am Wasser spielendes Kind in den Fokus. Muss ich die Eltern warnen? An der Ostsee, las ich im Netz, hätten Nilgänse Autos und Menschen attackiert.

8.20 Uhr: Nilbrother geht auf Entenjagd. Nilsister hockt auf dem Geländer über dem Wehr und äugt zu unserem Haus hinüber. Ich verdecke meinen Schreibblock mit den Unterarmen. Was tu ich hier eigentlich? Habe ich mich nicht selber den Nilgänsen unterworfen?

9 Uhr: Nilbrother und Nilsister haben meinen Stift erspäht und nahen mit drohender Gebärde. Ihre Clownsblicke verheißen nichts Gutes.

9.01 Uhr: Ich glaube, ich gehe lieber. Mich füttert ja keiner.

Ein Hoch auf den Tischenzwisch!

Welches ist das wichtigste Möbel in einem Mehr-Personen-Haushalt? Der Esstisch? Die Fernsehcouch? Oder das Doppelbett?

Nein, der Tischenzwisch. Wie, den kennen Sie nicht? Doch, doch, den kennen Sie!

Einen Tischenzwisch gibt es überall. Vielleicht heißt er bei Ihnen nur nicht so. Bei uns ist er zwischen zwei Stockwerken postiert. Er kann aber auch zwischen zwei Räumen auf ein und derselben Etage stehen, etwa zwischen Küche und Wohnzimmer oder zwischen Schlafstube und Badezimmer.

„Das gehört in den Keller, tu das mal auf den Tischenzwisch“, sagte K. Ich starrte verständnislos auf das Glas mit der Quittenmarmelade.

„Wohin?“

„Na, auf den Zwischentisch ...“

Ich musste an den Dichter Ernst Jandl und sein „manche meinen, lechts und rinks kann man nicht velwechsern“ denken und lachte.

Unser Tischenzwisch ist nicht nur ein lustiger Versprecher, sondern auch ein immerwährendes Versprechen. „Nimm, wenn du nach unten gehst, bitte die leere Weinflasche mit!“, heißt es. Oder: „Wenn du hochkommst, räum deine Bücher weg!“

Natürlich geht man nie sofort hoch oder runter, so landet alles auf besagtem Tischchen. Und dort liegt es dann und liegt. Aus den Augen aus dem Sinn ... Nun, man sieht es schon, aber nur bei gutem Willen, da unser Tischenzwisch im Halbdunkel des Treppenhauses steht. Zu Unrecht, wie ich finde, denn mit seinen kunstvoll geschmiedeten und sich elegant kreuzenden Beinen und der Marmorplatte, die noch ein kleines Geländer ziert, kann er sich wirklich sehen lassen.

Was momentan draufliegt?

Zwei ausgelesene Morane, eine Schapppachtel, die kleine Sandhäge, meine Klosenhammern und ein Kadelabel.

Und was liegt drunter?

Eine Packung Taubsaugerstüten, eine ausgelatschte Landasette, das Lindwicht sowie leere Kilör- und Bellerkierflaschen.

Wo läge das alles, wenn es keinen Tischenzwisch gäbe?

Im Wege. Im Wege.

Sie sind dann erst mal weit weg

Neulich belauschte ich eine Gruppe Erfurter Gymnasiastinnen und Gymnasiasten:

„Wohin gehst du nach dem Abi?"

„Nach Australien."

„Nach Mexiko."

„In die USA."

„Ich mache Au-pair in Südafrika."

„Ich Work & Travel in Uganda."

Der Tenor unter unserer künftigen Elite: Mit dem Abi in der Tasche erst mal weit weg. Nach den Schulstrapazen global relaxen. Die Welt sehen. Leute treffen. Eindrücke sammeln. Gutes tun. Einige wollen sich dabei finanziell selbst über Wasser halten. Die meisten schielen nach der Geldbörse der Eltern.

Ja, sollen sie doch reisen! Sie sind jung, die Welt steht ihnen offen. Wir konnten hinter der Mauer nur davon träumen. Oder mit dem Gerd-Michaelis-Chor singen: „Reisen, reisen in die weite Ferne, wer hat das nicht gerne, wem wird das zu viel?" In der dritten Strophe hieß es: „Kommt doch auch mal mit!"

Mit nach Oybin, Stralsund, Prag und Budapest. Meist per Anhalter. Oder nach Zakopane, in die Hohe Tatra. Im glücklichsten Falle bis Bulgarien, in die Türkei des Ostens. Weiter ging's nicht. Am Eisernen Vorhang war Schluss.

Auch wenn wir seit 1990 bemüht sind, das Versäumte nachzuholen, mithalten können wir mit unseren Kindern nimmer. Wer mit Internet und Smartphone aufwächst, steckt seine Ziele weiter. Einige brauchen fürs Abitur länger, weil sie schon ein Schülerauslandsjahr absolvieren. Mit 19 sprechen sie fließend eine Fremdsprache, kennen andere Sitten und Bräuche und wissen, wie es sich anfühlt, Ausländer zu sein.

Das nenne ich fürs Leben lernen. Nur liegen sie uns lange auf der Tasche. Denn wenn's dann, irgendwann, mal ans Studieren geht, natürlich nicht in der Heimatstadt, sondern weit weg, kommen noch Auslandssemester hinzu. Ob unsre Wohlstandsstudierenden überhaupt wissen, wie privilegiert sie sind?

Manche Eltern zahlen die Reisespesen gern, damit die verwöhnten Bälger nicht daheim auf ihren Studienplatz warten. „Wage den Sprung in die Welt!" Diverse Anbieter vermitteln junge Deutsche für vier Wochen Schülerhilfe in afrikanische Länder, für schlappe 1800 Euro. Oder zum Unterrichten in asiatischen Waisenkinderheimen, in denen oft gar keine Waisen sind. Und wenn schon, sagen die Abiturienten. Lasst uns unsere Erfahrungen machen mit dem Elend dieser Welt. Am liebsten in Strandnähe, unter Palmen und bei angenehmem Klima. Vollpension und Party inklusive.

Hilfe, die Alpakas kommen!

Kürzlich kehrte E. von einem Trip nach Peru zurück, schwer bepackt mit Rucksack und zwei riesigen Koffern. Die Koffer hatte sie in Lima für die Erstausstattung ihres Online-Shops gekauft. In einem waren die Pullover, in dem andern handgenähte Alpakas. So nennt man höckerlose Kleinkamele, die sich jetzt auch bei uns breitmachen.

„In Thüringen? Echt? Wo denn?", fragt E. misstrauisch.

Sie grasen irgendwo bei Erfurt, sind mir aber auch schon am Rand des Thüringer Waldes begegnet. E. nimmt es mit leiser Verstimmung zur Kenntnis. Weil sie unter Jetlag leidet. Und weil sie die Wolle auch hier hätte einkaufen können. Was soll's, die fertigen Alpaka-Pullover sehen toll aus, besonders wenn die Freundinnen Hanne und Paula sie zur Schau tragen. Klick, schon sind sie im Internet-Laden.

Über E.s Web-Auftritt kann ich nur staunen. Ich schaffe es ja nicht mal, meine Bücher zu vermarkten. Dabei habe ich das

Business-Gen im Blut, mütterlicherseits. Meine Großmutter hatte eine Eisdiele am Bitterfelder Bahnhof, meine Mutter züchtete erfolgreich Hunde und Katzen. Dann folgte ich und promovierte. Mein Sohn versuchte schon mit sieben die Familienscharte auszuwetzen, indem er die Pflaumen aus dem Garten des Nachbarn feilbot. Heute besitzt er zwei Kneipen und mehrere Rätselräume.

Ich bin gespannt, wie sich E.s Onlinehandel entwickelt. Die Pullover liegen gestapelt zum Versand bereit. Nachschub ist auf dem Postweg. Alles schön und gut. Wenn nur diese Mini-Alpakas nicht wären, die sich hinter mir auf der Sofalehne drängeln. Ich muss beim Fernsehen den Kopf einziehen.

„Kann man die nicht woanders ...?“

„Nein, die sind so süß!“

„Ja, aber sie spucken.“

E. funkelt mich feindselig an. „Alpakas spucken nicht!“

„Doch“, behaupte ich mit verspanntem Nacken. „Bei Georgenthal hat mich ein Alpaka angespuckt.“

„Das war bestimmt ein Lama!“

Im Kaufrausch wider Willen

Es gab zwei Gründe für unsere Zugfahrt nach Leipzig: Zum einen brauchte E. dringend eine Winterjacke. Und zum andern hatte K., ihre Mutter, angeblich nichts mehr zum Anziehen. Also Shoppen.

Ich ahnte, was da auf mich zukam, und kaufte mir am Bahnhof die ZEIT. Das tue ich sonst nur im Urlaub, weil man zum ZEIT-Lesen viel Zeit braucht, denn fast jeder Artikel in dieser letzten Hochburg des kultivierten Journalismus ist interessant. Doch finde mal in einem Einkaufscenter am

Samstagvormittag ein stilles Plätzchen zum Lesen! Die Cafés waren noch nicht geöffnet und die wenigen Sitze Sushi-Freunden oder Burger-King-Fans vorbehalten. Auf eine Zigarette mit Helmut Schmidt lehnte ich mich an eine Säule. Schon wurde ich aus meiner Lektüre gerissen.

„Guck mal, was hier ist!“

Ein Herren-Ausstatter.

„Brauchst du nicht eine neue Jeans?“

K. und E. waren nicht fündig geworden. Jetzt versuchten sie es mit mir. Habe ich schon gesagt, wie sehr ich Hosenkäufe hasse? Man steht schweißüberströmt mit eingezogenem Bauch in der Kabine, probiert und probiert, und weil keine so richtig passt, bekommt man immer wieder eine neue gereicht.

Diesmal klappte es bei der ersten. „Sitzt wie angegossen“, rief die Verkäuferin und hatte auch sogleich ein dazu passendes T-Shirt, eine Weste und ein Jeanshemd parat.

„Naja“, meinte K., „der Westentyp bist du nicht.“

Aber T-Shirt und Jeanshemd sahen angeblich toll an mir aus.

„Nicht zuknöpfen“, riet E.

Ich drehte mich vorm Spiegel. „Was sind das für Flecken? Sieht aus, als hätte jemand damit den Laden tapeziert.“

„Flecken sind modern. Am besten, du nimmst gleich noch einen Schal dazu.“

Nach nur einer Viertelstunde ging ich mit meiner neuen Hose, zwei Shirts, einem Seidenschal und dem weißbesprenkelten Malerhemd zur Kasse.

Die Wonnen der Mottenwoche

„Weißt du, wo meine Zuckertüte ist?“, ruft T. mit schriller Stimme. Es ist Montag und höchste Zeit, sich auf den Schulweg zu machen. Die 19-Jährige trägt Rattenschwänze, Jeansröckchen und einen Mini-Ranzen.

„Willst du zum Fasching?“

„Nein, wir haben Mottowoche.“

„Mottenwoche?“

„Motto-Woche! Wir feiern unsere letzten Schultage. Jeden Morgen ist ein anderes Thema dran.“

Am Dienstag sitzt T. um halb acht im Schlafanzug am Küchentisch.

„Willst du dich nicht mal anziehen?“

„Nö. Heute ist Pyjama-Tag.“

Am Mittwoch, dem Tag der Kindheitshelden, verlässt eine zu groß geratene Pippi Langstrumpf das Haus, mit Sommersprossen und roten, wie Antennen abstehenden Zöpfen. Am Donnerstag ein Girl mit viel Schminke, Glitzerpulli und Netzstrümpfen, wie man es sonst nur im Rotlichtviertel sieht.

„Was ist denn heute dran?“, frage ich erschrocken.

„Bad Taste oder Assi.“

Das finde ich zwar grenzwertig, aber noch irgendwie im Rahmen. Hauptsache, sie machen nicht auf schwul, behindert oder Lehrer. Meine Sorge erweist sich als unbegründet, denn Freitag steht ein Ausflug nach Weimar mit Besuch der Gedenkstätte KZ Buchenwald auf dem Plan. Der Lehrer verlangt ein gesittetes Outfit.

Damit ist die Mottenwoche eigentlich beendet. Doch am Samstag steht plötzlich der DHL-Bote mit einem riesigen Kleiderpaket vor der Tür.

„Kommt wohl zu spät“, sage ich.

„Nein“, widerspricht T. „Da ist mein Abi-Kleid drin.“

Genau gesagt: zwei Kleider, ein Hosenanzug und drei Paar Schuhe. Den ganzen Abend stöckelt die Abiturientin vorm Wandspiegel auf und ab.

„Welches nimmst du?“, frage ich gespannt.

„Keins davon. Die schicke ich wieder zurück."
Wir warten auf die nächste Mottenkiste.

Mein Freund, der Saubermann

„Bitte kein Buch, keine CD, keine DVD und keine Schokolade", sagt B. „Wenn du mir was schenken willst, würde ich mich am meisten über einen Staubsauger freuen."

Ein Staubsauger! Zu Weihnachten! Ich bin froh über den Tipp und fahre zum Technikmarkt. Dort stehen sie in langer Reihe: die pummeligen Bodenstaubsauger mit Schlauch, die stabförmigen Akku-Sauger und die autonomen Saugroboter. Ich muss nicht lange überlegen. Der Bodenstaubsauger scheidet aus, weil er mich schon als Kind gequält hat. Und die umherwuselnde Tellermine würde sich, fürchte ich, mit B.'s Katze nicht vertragen. Bleibt nur der Akku-Sauger. Da ich die Angewohnheit habe, Geräte vor dem Verschenken zu testen, öffne ich daheim den Karton und beginne mit der Montage. Wie er dann so rank und schlank in der Stube steht – ja, er steht von ganz alleine –, geht mir das Herz auf.

Ich nenne den Akkusauger Hermann und lege eine CD von Leonard Cohen auf. Los geht's im Walzertakt. Nach zehn Minuten habe ich das Wohnzimmer gesaugt. Fünf Minuten brauche ich für Flur und Schlafzimmer. Hermann ist griffig und leicht, einmal ordentlich Schwung geholt, komme ich kaum hinterher. Vor allem hat er keine Schnur, über die man stolpern könnte. Dann entdeckte ich, dass sich sein Kernstück herausnehmen lässt. Mit dem Baby-Sauger in der Hand sause ich durchs ganze Haus. Flupp, die Krümel auf der Couch sind verschwunden. Flupp, keine Flusen mehr unter der Küchenbank. Flupp, flupp, flupp – alle Wände von Spinnweben befreit.

Dann ruhen wir aus. Ich auf dem Sofa, Hermann vor der Steckdose. Ich ahne, dass mir die Trennung schwerfallen wird. Anderntags baue ich ihn wieder auseinander und schlage ihn in Geschenkpapier ein.

„Ach“, ruft B. enttäuscht. „Ich hatte mir einen richtigen Staubsauger gewünscht. Einen Akku-Sauger habe ich schon.“

Das ist die schönste Bescherung für Hermann und mich.

Väter sind keine Autoritäten

Wer macht denn bei Ihnen heute Abend den Knecht Ruprecht? Kein leichter Job, ich kann nur davor warnen. Dabei weiß ich gar nicht mehr, wann ich das letzte Mal in dieser Rolle gefragt war. Das muss Ende der 1980er-Jahre gewesen sein, als unser Sohn noch an meine übersinnlichen Fähigkeiten glaubte. Leider nur kurz. Ich hatte mir bei der Verkleidung zu wenig Mühe gegeben, denn schon beim „Ho, ho, ho!“, begann er laut zu lachen, und selbst meine Rute beeindruckte ihn nicht.

Die Zeiten, in denen Väter noch Autoritäten waren, liegen weit zurück. Ich hatte als Kind in Moskau großen Respekt vor Väterchen Frost gehabt. Vielleicht, weil der Kerl mit dröhnendem Bass Russisch sprach. Vaters Versuch, als deutscher Weihnachtsmann in Väterchen Frosts Fußstapfen zu treten, scheiterte kläglich.

Mein Bruder und ich sitzen in der ofenbeheizten Stube und warten. Knecht Ruprecht habe Verspätung, sagt Großvater. „Ach“, sagt Vater, „da kann ich ja noch mal auf den Abort“, erhebt sich, um wie jedes Jahr um diese Zeit aufs Plumpsklo zu gehen.

Nach einer Weile wummert es an der Tür.

„Herein!“, rufen wir mit erstickter Stimme.

Der Weihnachtsmann trägt Vaters grauen Wintermantel, Pudelmütze und einen wallenden Wattebart. Wir sagen jeder brav ein Gedicht auf, dann greift er in den Kartoffelsack. Wie immer bleibt ein Päckchen übrig. Wo denn der Vati sei, will Knecht Ruprecht wissen.

„Auf dem Abort!“, rufen mein Bruder und ich wie aus einem Munde.

„Soso, hat er sich wieder verdrückt.“ Er lacht gedämpft unter der Maske und droht zum Abschied mit der Reisig-Rute.

„Hast du gesehen, der Weihnachtsmann hatte Hausschuhe an“, sagt mein älterer Bruder.

„Ja, aber wann kommt Vati?“

Wollen Sie mich verschweigen?

Neulich rief mich wieder einer an: Guten Tag, sein Name sei soundso, und er habe einen Roman veröffentlicht.

„Glückwunsch“, sage ich wie jedes Mal und meine es von Herzen.

„Ja, wollen Sie ihn denn nicht lesen?“

Nein, müsste ich der Ehrlichkeit halber erwidern, doch das kann ich nicht. Ich weiß, wie leicht sich Autoren vor den Kopf gestoßen fühlen, vor allem solche, die sich dafür halten.

„Warum soll ich Ihren Roman denn unbedingt lesen?“, frage ich.

Der Anrufer versucht gar nicht erst, seine Entrüstung zu verbergen. „Na, weil Sie bei der Zeitung sind! Oder wollen Sie mich verschweigen?“

Ich erkläre, dass jedes Jahr um die 90.000 neue Bücher erscheinen, von denen ich höchstens zwanzig lesen kann, und welche, dies möge er mir bitte gestatten, suche ich mir selber aus.

Der Anrufer gibt nicht auf. „Ich habe 500 Exemplare von meinem Buch drucken lassen und noch kein einziges verkauft. So helfen Sie mir doch!"

„Tut mir leid, ich bin kein Buchhändler."

„Aber Sie sind von der Thüringischen Landeszeitung!"

„Ach", sage ich, „Sie haben über Thüringen geschrieben?"

„Nein, nicht direkt."

Sein Großvater, erfahre ich, habe mal kurz in Thüringen gelebt, und er selber kenne das Goethe- und Schillerhaus in Weimar.

„David Bowie", sage ich, „ist auch schon mal über Thüringen geflogen."

„Wer?"

Solch fruchtlose Gespräche münden meist in Beschimpfungen. Autoren, die ihre Bücher auf eigene Kosten drucken lassen, sind arm dran, denn sie bleiben in der Regel auf ihnen sitzen. Das sagen ihnen ihre Verleger, die im Hauptberuf Abzocker sind, natürlich nicht. Ich rechne damit, dass auch dieser Herr wütend den Hörer hinknallt, da sagt er plötzlich ganz leise: „Sie haben Recht. Vielleicht interessiert mein Buch ja nur mich."

Ich bin verblüfft. „Wie, sagten Sie, heißt Ihr Roman?"

Sonne und Sahne

Ich jogge vormittags an der Gera entlang. Frost liegt in der Luft, doch die Wintersonne wärmt den Nacken. Um schneller zur Wendeschleife zu gelangen, forciere ich mein Tempo. Ich will die Wärme im Gesicht spüren und werde auf dem Rückweg von Sonnenlicht überflutet. Wie wohl das tut in lichtarmer Zeit! Für einen Moment schließe ich die Augen und pralle mit einer entgegenkommenden Joggerin zusammen. Die Frau schimpft nicht, sie lächelt. Alle wirken an diesem Morgen heiter, haben den Glanz des Tages im Haar. Wie singt doch gleich die Dame von Rosenstolz: „Gib mir Sonne, gib mir Licht!“

Lange Zeit hatte ich „Gib mir Sahne“ verstanden. Womit ich bei den Cafés in Helsinki bin, die ihren Gästen vom Herbst bis zum Frühling Lichtduschen bieten. Diese Lokalitäten sind besonders erleuchtet. In Finnland, das muss man wissen, herrscht die meiste Zeit des Jahres Dunkelheit. Deshalb geht man dort nicht nur zum Kuchenessen ins Café, sondern auch, um Licht zu tanken. Sonne und Sahne. Wo Lichtmangel herrscht, drohen die meisten Suizide.

Sonnenlicht bedeutet Leben. Es spendet Energie und macht unsere Welt überhaupt erst sichtbar. Es soll sogar Menschen geben, die sich ausschließlich von Licht „ernähren“. Der österreichische Filmemacher Peter-Arthur Straubinger hat darüber eine Dokumentation gedreht. Er begleitet darin einen Menschen, der seit Längerem ohne feste oder flüssige Nahrung auskommt, und lässt ihn in einer Klinik von Ärzten untersuchen. Das verwirrende Fazit: Der Mann isst nicht, trinkt nicht, er betet zur Sonne. Und verliert kein Gramm Gewicht.

Ich denke nicht, dass wir so das Ernährungsproblem auf der Erde lösen werden. Andere, die ebenfalls freiwillig auf Nahrung verzichtet haben, gaben nach einiger Zeit auf oder sind verhungert.

Wetten, dass ich Recht habe?

Wir sitzen bei Kürbissuppe und Knoblauchbrot auf der Couch, und nach jedem Löffel schielt das Auge zum Bildschirm.

„Ist das nicht ...?“ Ich beuge mich vor. „Wie heißt der gleich, der Lange mit der großen Nase?“

„Mike Krüger“, sagt K.

„Nein, den daneben meine ich, den lockigen Moderator, der sich so gern selber reden hört.“

„Kennst du ihn wirklich nicht?“

„Natürlich kenne ich ihn. Mir fällt bloß der Name gerade nicht ein.“

„Gottschalk“, sagt K. „Das ist Thomas Gottschalk.“

„Wetten, was“, sage ich.

„Was?“

„Hatte der nicht diese Sendung, bei der man sich den Hals brechen kann?“

„Ja, aber sie hieß: Wetten, dass...?“

Meine Aufmerksamkeit wird auf die hübsche Dame zwischen den beiden Männern gelenkt. „Schau mal, da sitzt unsere Gold-Katie! Die Witt sieht immer noch so toll aus wie vor 40 Jahren! Dabei ist sie schon über 60.“

„Quatsch. Die ist so alt wie ich“, sagt K.

„Älter“, sage ich.

„Um was wetten wir?“

Ich wette nicht, sondern lege den Löffel weg, greife zum Tablet und gebe Katarina Witt in die Suchmaschine ein.

„Na, wer sagt's denn“, triumphiert K. „Jahrgang 1965!“

Inzwischen haben sich alle drei erhoben, um eine gealterte englische Pop-Sängerin zu begrüßen.

„Guck mal, wie riesig der Gottschalk wirkt, wenn er neben Katarina Witt steht“, sage ich. „Die ist doch auch ziemlich groß.“

„Ist sie nicht.“

„Mindestens 1,75!“

„Höchstens 1,65!“

Gut, dass ich nicht wette. 1,65, bestätigt mein iPad.

Inzwischen hat Kim Wild zu singen begonnen.

„Hatte die nicht früher eine hohe Stimme?", fragt K.

„Das war Kate Bush", sage ich.

„Die ist doch tot, oder?"

Das iPad sagt, dass sie noch singt. So geht es Abend für Abend. Wir wundern und streiten uns, und das Netz muss schlichten. Wie haben wir sowas bloß früher geregelt?

„Komm ins Bett", sagt K.

Mein ewig junger Kleiderschrank

Schwarz ist trendy. Schlampig ist trendy. 70er-Jahre-Look ist trendy. Manchesterhosen, ausgeleierte Pullover und Segeltuchturnschuhe. Hippiehüte sowieso. Ringelsocken, Jacken mit Schulterpolstern und abgeschnittene Karottenjeans. Das habe ich, mottensicher eingelagert, alles noch im Schrank. Irgendwo liegt sogar noch meine abgewetzte Nietenhose mit einem Dreiangel am Knie, die ich nur noch bei Malerarbeiten anziehe. Wieso eigentlich? Auch Löcher sind voll im Trend!

Die Mode-Heinis erfinden nichts Neues mehr. Ist ja auch alles schon dagewesen. Selbst die angesagten Vornamen. Guck mal, der kleine Friedrich! Ist der nicht süß? Abgesehen davon, dass ihn bald alle Fritz, Fritzi oder Fritzchen nennen werden, der Name ist hornalt. Genau wie Wilhelm, Paul, Martha, Frieda oder Friederike. So hießen schon meine Groß- und Urgroßeltern! Wenn junge Mütter und Väter ihre süßen Kinder im Wagen vorbeischieben, sehe ich: Kaiser Wilhelm, Prinzessin Augusta, Otto von Bismarck, Paul von Hindenburg.

Habe ich mir je etwas aus Mode gemacht? In der Pubertät vielleicht. Da mangelte es unsereinem noch an Selbstbewusstsein, und ich wollte nicht aussehen wie ein Russe. Also Fransenjacke, Schlaghose und Mähne bis auf die Schultern!

Heute, wo fast alle jungen Männer wie Russen aussehen, entscheidet das Detail: ganz oder halbseitig rasiert, mit Mönchstolle, Hahnenkamm oder Scheitellinie, manchmal auch Glatze mit Peace-Symbol, Anker oder Totenkopf. Was die Klamotten betrifft, muss man nur alt genug werden und darf nichts wegwerfen, dann stürzen die Kids vor jeder Party ins Schlafzimmer der Eltern und reißen sich darum.

Leibchen-Show statt Klinkenputzen

Frohe Kunde aus der Leipziger Studenten-WG: Das Alpaka-Pullover-Geschäft boomt. Täglich gehen Online-Bestellungen ein, vermeldet eine überglückliche E. Manche ordern gleich zwei, drei Pullover, was die Logistik erleichtert.

„So viele Käufer! Wie machst du das?", wundere ich mich.

„Das mache nicht ich. Das machen meine Influencer."

„Hast du die Grippe?

„Ich? Wieso?"

„Du sagtest eben Influenza."

„Ich sagte Influencer!"

Das sei keine Krankheit, beteuert E. Das seien treue Helfer im Netz. Helferinnen in diesem Fall, die sich von sich aus bei ihr gemeldet hätten, weil sie Alpakas so süß finden.

„Und, was nützen dir diese Influencer?"

„Na, die sind bekannt und werden tausendfach geklickt. Die posten täglich ihre neuesten Videos. Wenn die für Alpaka-Pullover werben, freiwillig natürlich, sehen das viele Leute."

„Wie viele?", will ich wissen.

Die eine habe 2000, die andere mehr als 10.000 Follower, erfahre ich. Von solcher Werbung können Autoren nur träumen. Während sich die Influencer geschminkt vor die Kamera setzen, machen sich unsere Verlagsvertreter auf den Weg, um die Ladenklinken der Buchhändler zu putzen. Das muss sich ändern. Warum nicht mit der Zeit, also ins Netz gehen?

Ich stelle mir eine junge, attraktive Influencerin vor, die jeden Morgen ihrer Smartphone-Gemeinde aus meinen Büchern vorliest: „Dinge, die wir vermissen werden", zum Beispiel. Dazu könnte sie im Hintergrund ein Spulentonband laufen lassen, zwischen den Knien Großmutters Kaffeemühle drehen oder ein bisschen auf der Erika-Schreibmaschine klappern. Ein Influencer könnte passend zum jeweiligen Text die Vorzüge des Leibchens zur Schau stellen oder das Anlegen der in den 60er-Jahren beliebten Dreieckbadehose vorführen. Ich bin sicher, dass dieses Video sehr oft geklickt und geteilt werden würde. Nur, wie findet ein Influencer oder eine Influencerin meine Bücher? Sollte ich vielleicht mal was über Alpakas schreiben?

Mein Po mag Mandelmilch

Alle reden über Homeoffice-Zwang, familiäre Enge und ängstliche Corona-Kinder, die in Arbeitspausen auf dem Sofa gezeugt werden. Ich nicht. Ich habe dringendere Bedürfnisse. Von wegen „My home is my castle"! Es wird zur Hölle, wenn kein Klopapier da ist und man keine öffentliche oder betriebliche Toilette aufsuchen kann.

Als ich von den pandemischen Hamsterkäufen las, habe ich anfangs gelacht. Auch noch, als ich im Supermarkt Menschen mit vier oder fünf Packungen vorbeihuschen sah, mit abgewandtem Blick, weil sie nicht erkannt werden wollten. Wir hatten ja noch ein paar Rollen. Plötzlich trat der Ernstfall ein.

„Ich muss mal", sagt T.

„Na, dann geh' doch!"

„Das Toilettenpapier ist aber alle."

Es ist Samstag, ich sause zum Supermarkt. Die Obstregale sind gut gefüllt, vor allem mit teuren Bio-Produkten, auch Joghurt, Käse und Kaffee gibt's noch reichlich. Dann der Schock: Kein Klopapier! Dort, wo sich sonst zehn bis zwölf Sorten stapeln, gähnende Leere. Ich setze einen Notruf ab, und K., E. und T. schwärmen aus. Irgendwo in der Stadt muss es doch noch welches geben.

Ich bin frustriert über die freie Marktwirtschaft. Engpässe wie zu DDR-Zeiten? Unter Ulbricht war mal die Butter, unter Honecker war mal der Kaffee knapp gewesen, und in heißen Sommern fehlte es an Getränken. Aber Klopapier gab's immer. Zwar nur das graue, raue, reißfeste mit dem höchsten Härtegrad, doch es erfüllte seinen Zweck. Na ja, nicht bei jedem. Wenn uns Jaqueline aus Basel besuchte, hatte sie ihr eigenes, nach Kamille duftendes Toilettenpapier dabei, von unserem bekam sie einen wunden Po. Daran muss ich denken, als K. freudestrahlend ihre hart erkämpfte Packung auf den Tisch legt: Vierlagig, weich und duftend. Mandelmilch, erklärt sie, sei der Mercedes unter den Milchersatzprodukten, also das Beste für meinen Allerwertesten. Nach jedem Toilettengang trage ich den Frühlingsduft durchs Haus.

Engel am Straßenrand

Am späten Abend bin ich auf dem Heimweg von der Arbeit mit dem Fahrrad gestürzt. Ich erwachte in der Notaufnahme. Was passiert ist? Keine Ahnung. Passanten haben mich gefunden. Wenn ich mein Gedächtnis anstrenge, gibt es einen kurzen, nebulösen Moment, da sitze ich verwirrt irgendwo am Straßenrand, und um mich herum zwei, drei besorgte Gestalten. Ich höre jemanden sagen, der Rettungswagen sei unterwegs. Aber vielleicht habe ich das auch nur geträumt. Wo sind wir, wenn wir nicht bei uns sind?

Im Traum, zum Beispiel, spazieren unsere Gedanken durch fremde Welten und wandern durch die Zeiten. Da begegnen wir Verstorbenen und blicken von oben auf uns selbst herab. Mit dem Summen des Weckers ist alles vorbei.

Trotz ambitionierter Forschungen wissen wir nicht genau, was in unserem Hirn, dem Meisterstück der Evolution, vor sich geht. Wo war ich in jener halben Stunde, bevor ich im Klinikum wieder zu mir kam? Mein Mund hat mit den Helfern gesprochen, nur erinnert sich mein Kopf nicht mehr daran. War mein Geist ausgezogen? Streifte er umher und verkehrte womöglich mit ... Engeln? Wie kommunizieren die Himmlischen mit uns? Beherrschen sie eine universelle Sprache, die jeder Mensch versteht?

Ich hatte, als ich stürzte, Martin Walsers druckfrisches Bändchen „Mädchenleben oder Die Heiligsprechung“ im Rucksack. Eine Legende. Auf meinem Krankenlager schlage ich das Buch auf und lese darin Sätze wie „Sehnsucht ist da, bevor sie ein Ziel hat“ und „Erst seit ich Engel brauche, weiß ich, dass es sie gibt“. Dieser Walser mit seinen bald hundert Erdenjahren, denke ich, schreibt aus einer anderen Welt. Jedes Jahr schickt er uns von dort eine neue literarische Botschaft, die der Verlag an seine Leser weiterreicht.

Als der Oberarzt das Zimmer betritt, verberge ich das Buch unter meiner Armbeuge. Er schaut sich meine Verletzungen an, blättert im Unfallbericht und murmelt: „Das hätte schlimmer ausgehen können. Sie müssen einen Schutzengel gehabt haben.“

Wenn die Stube zur Schanze wird

Gut ins neue Jahr gerutscht? Oder gesprungen? Ich stamme aus einer sportbegeisterten Familie. Kaum war Weihnachten vorbei, startete die Vier-Schanzen-Tournee. Tagelang drehte sich bei den Großeltern alles um die einzig wichtige Frage: Was reißt Jens Weißflog? Wie weit springt Hans-Georg Aschenbach? Oder Henry Glaß? Oder Sven Hannawald? Oder Markus Eisenbichler ...? Nein, den gab's noch nicht. Aber alles wurde auf das erste Sportgroßereignis des neuen Jahres ausgerichtet: Mittagessen früher, Kaffeetrinken und Abendbrot später, Nickerchen ausgesetzt, Spaziergänge gestrichen. Sobald einer unserer Springer aus der Luke kam, hätte man Großmutters Stopfnadel fallen hören können, so still war es in der Stube. Großvater beugte sich weit vor und spannte die Oberschenkel an. Seine Unterarme lagen auf der Lehne. Doch rauschte sein Favorit über den Schanzentisch, drückte er sich zeitgleich mit ihm ab und schien mit seinen 80 Jahren sekundenlang in der Luft zu hängen. Mit der Landung sank er ins Polster zurück.

Ich kenne keinen Fanatiker, der es mit Großvaters Sportbegeisterung hätte aufnehmen können. Weder bei den Ski-Adlern noch beim Eishockey oder Boxen. Erst recht nicht bei der Eiskunstlaufkür der Damen. Auch beim Fußball hielt es ihn nicht im Sessel. Linienrichter wurden beschimpft und Kampfrichter der Bestechlichkeit bezichtigt. Mancher Schiedsrichter war auf beiden Augen blind. Dank meines Großvaters habe ich noch Namen im Kopf, an die sich heute kaum jemand erinnert. Joachim Ziesche, der Zwei-Meter-Mann mit der Eishockey-Kelle. Beatrix Schuba, die österreichische Kontrahentin unserer Eiskunstläuferin Gabi Seyfert, von Großvater abfällig „Tonne auf Kufen“ genannt. Und natürlich der Fußballer Jürgen Sparwasser. Den Namen schrie er, wild in der Stube herumhüpfend, immer wieder.

Der Magdeburger DDR-Nationalspieler hatte das Siegtor gegen die späteren Weltmeister aus dem feindlichen Bruderland geschossen.

Fuck dich ins Knu!

Neulich an der roten Ampel: Weil die Sonne blendete, schloss ich für einen Moment die Augen und fuhr bei Grün nicht sofort an. Hinter mir ein rüdes Hupkonzert. Einer preschte vorbei, um mir den Stinkefinger zu zeigen. Ich konnte von seinen Lippen ablesen, für was er mich hielt…

„Arschloch“ und „Drecksack“ sind vielleicht noch die harmlosesten Ausdrücke, die man heutzutage bei nichtigsten Anlässen vor den Latz bekommt. Als Polizist ist man Bulle, als Medienvertreter Lügenpresse und als Kanzlerin oder Bundespräsident Volksverräter. Beleidigungen gehören auf der Straße wie im Netz längst zum Tagesgeschäft. Doch wissen jene, die sich derart verbal enthemmen, in jedem Falle, was sie sagen? Selbst unter Rüpeln gibt es Dilettanten. Schimpfwörter werden oft unreflektiert übernommen, wie zum Beispiel aus dem Englischen „Motherfucker!“, „Fuck you!“ oder die scheinbar eingedeutschte Variante: „Fick dich ins Knie!“.

Wer darin eine sexuelle Anspielung sieht, irrt gewaltig. Ursprünglich war diese Beschimpfung Geizhälsen vorbehalten. Der Begriff habe sich aus dem Kniefiez zum Kniefix und später zum Kniefìcker entwickelt, schreibt Hans G. Raeth in seiner Schrift „Die Kunst der Beleidigung“. Auf 208 Seiten zeichnet der Autor die Kulturgeschichte der Verunglimpfung nach, von Diogenes über Voltaire und Wedekind bis zu Tucholsky und Reich-Ranicki. Metaphorisch war gemeint, dass der Beschimpfte eher in der Lage wäre, sein Knie zu penetrieren, als etwas von seinem Besitz abzugeben, so Raeth. „Der Kniefícker war wahlweise ein ‚Geizkragen‘, ein ‚Knauser‘, ein ‚Knicker‘ oder ein ‚Geldschneider‘."

Dagegen ist das Arschloch ja geradezu ein Waisenknabe. Kniefícker, also Geldschneider, wäre eine Beleidigung, die ich nicht auf mir sitzen lassen wollte. Zumal die Herkunft des Wortes „ficken" im Dunkeln liegt. Es könnte mal für reiben, necken oder foppen gestanden haben, mutmaßt der Historiker, oder sich von fucken abgeleitet haben. Fuck war die Faust, mit der in früheren Zeiten Stichwaffen geführt wurden.

Ergo: Fuck dich ins Knu!

Ich liebe Xanthippe!

Kennen Sie Xanten? So heißt eine Kleinstadt am Niederrhein in Nordrhein-Westfalen mit 21.000 Einwohnern. Dort gibt es ein Römer-Museum, einen romanisch-gotischen Dom und einen künstlichen Südseestrand. Nein, muss man nicht wissen. Hauptsache, man sagt Xanten, wenn man ein Wort mit X buchstabiert.

Bisher sagte man Xanthippe. So hieß die streitsüchtige Gattin des Sokrates. Aber falls Sie mal am Telefon Hexe buchstabieren müssen, verwenden Sie nicht Xanthippe, sondern Xanten, sonst versteht man Sie womöglich nicht mehr.

Der Vorstoß, unser klassisches Buchstabier-Alphabet zu erneuern, kommt vom Deutschen Institut für Normierung (DIN). Es sei nicht mehr zeitgemäß, behaupten die Normierer, da es altertümliche Vornamen wie zum Beispiel Berta und Otto enthält. Moment, heißen so nicht auch unsere Jüngsten? Dann hätten, was in den 50er-Jahren nur halbherzig korrigiert wurde, die Nazis zwei, drei jüdische Vornamen durch arische ersetzt. Und – beinahe noch schlimmer – unter den 32 Buchstabenwörtern kommen 16 männliche und nur sechs weibliche Vornamen vor!

Ich habe meinen nicht leicht zu verstehenden Nachnamen schon oft buchstabieren müssen: Quelle-Udo-Ida-Ludwig-Ida-Theodor-Zeppelin-Schule. Auf diskriminierende Weise, wie ich jetzt weiß. Ich gebe zu, dass mir unkorrektes Buchstabieren Vergnügen bereitet. A wie Anton, C wie Cäsar, G wie Gustav, T wie Theodor und X wie Xanthippe. Ich liebe die zänkische Xanthippe! Aber warum, frage ich, muss man sich überhaupt an Vorgaben halten? Warum buchstabiert nicht einfach jeder nach Lust und Laune? Statt Paula geht auch Popel. Oder Qualle statt Quelle. Und wenn ich verärgert bin, sage ich auch mal K wie Kotzbrocken und A wie Arschloch. Hauptsache, ich werde verstanden.

Liebling, bitte ein Lächeln!

Ich werde heute nicht über den politischen Geisterfahrer schreiben, dessen krankes Hirn von Wahlbetrug twittert. Ich werde auch den Leipziger Corona-Leugnern, die die Pandemie befeuern, kein Podium geben; sollen sie doch mit ihrem Gewissen, falls sie eins haben, selbst ins Reine kommen. Und ich will mich auch nicht am Orakel beteiligen, ob die größte Impfaktion der Menschheitsgeschichte in einem Jahr oder erst in zwei, drei Jahren abgeschlossen sein könnte.

Heute möchte ich mich bei allen Leserinnen und Lesern bedanken, deren Mails mir Kraft geben, mich von den finsteren Zeiten, die wir durchleben, nicht entmutigen zu lassen. Es beflügelt, so viel Zuspruch und hin und wieder auch Widerspruch zu erfahren. „Sie schaffen es immer wieder, dass mein Montag mit einem Lächeln beginnt und nicht mit Corona-Sorgenfalten", schreibt Frau B. Und Frau S. wünscht sich, ich möge mit meinen wöchentlichen Aufmunterungsversuchen nicht nachlassen.

Wir alle vermissen jenes Lächeln, das für die Leichtigkeit des Seins steht. Es verbirgt sich hinter der Maske. Doch selbst wenn wir, wie es die Bundeskanzlerin fordert, für eine ungewisse Zeit auf alle nicht unbedingt nötigen sozialen Kontakte verzichten, sollten wir es uns bewahren. Lächeln steht für Schönheit, Empathie, Anteilnahme und Mitmenschlichkeit. Wenn ich in der Bahn sitze oder meinen Einkaufswagen durch den Supermarkt schiebe, schaue ich gern wildfremden Leuten in die Augen und registriere einen dankbaren Wimpernschlag. Ich spüre das Lächeln meiner Friseurin, wenn ich sie für den Haarschnitt lobe. Meine Zahnärztin lächelt und singt, während sie in meinen Zähnen bohrt. Und zehn Tage lang war unsere Wohnung ein „Freudenhaus", weil T. zu Besuch weilte, die junge, studierende Frohnatur.

Ein Tipp: Bringen Sie Ihrer Partnerin oder Ihrem Partner doch mal sonntags den Kaffee ans Bett. Zum Dank bekommen Sie das schönste Lächeln der Welt.

Probelauf für den Ruhestand

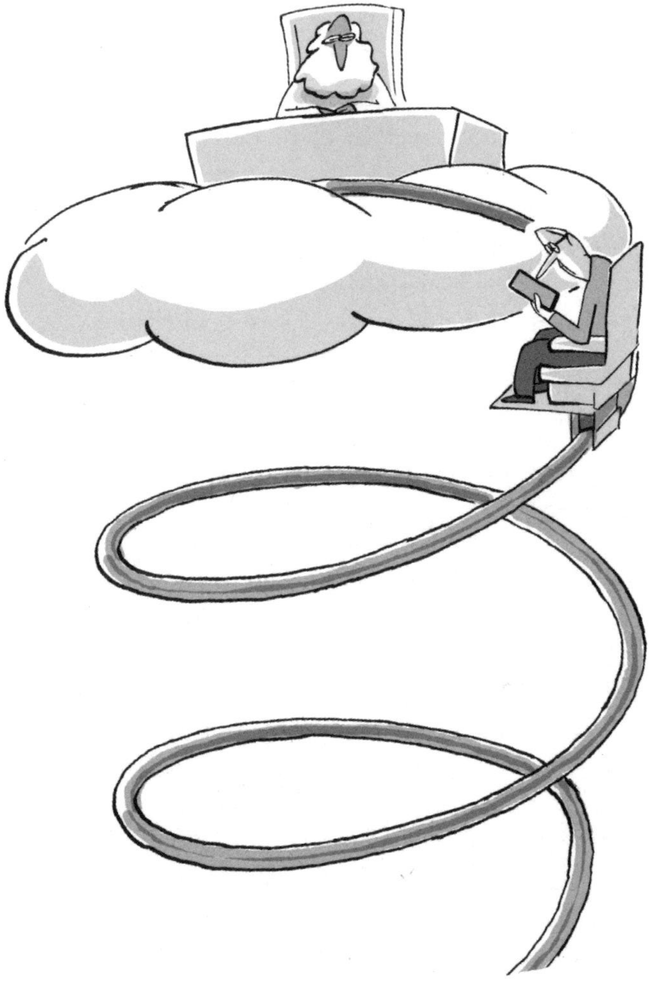

Der Große mit den falschen Schuhen

Neulich in der Sauna, ich sage nicht in welcher, schoss plötzlich eine fremde Dame auf mich zu. „Sie tragen“, rief sie ohne Umschweife, „die Schuhe meines Mannes.“

„Oh“, konnte ich gerade noch erwidern, schon war ich sie los.

Ich starrte auf meine nackten Füße, und jetzt erst fuhren mir Schreck und Scham in die Glieder: Offenbar war ich beim Verlassen des Schwitzhäuschens in die falschen Badelatschen gekrochen und, ohne es zu merken, damit bis in die Leseecke am Kaminfeuer getappt!

Niemand las mehr, alle starrten mich an. War das Schadenfreude, Mitleid oder Sorge? Ich musste erst mal meine Gedanken ordnen. War es jetzt soweit? Mit den Latschen, dachte ich, fängt es an. Beim nächsten Mal verwechselst du die Jacke, dann das Auto und, wenn es ganz schlimm kommt, irgendwann, Frau und Kinder ...

Dann aber wunderte ich mich. Diese Dame, wie hat sie mich so schnell gefunden? Ist sie, nachdem ihr Mann die Latschen vermisste, von Ruheraum zu Ruheraum geeilt, auf der Suche nach einem großen Kerl mit falschen Schuhen? Ich musste an Anna Seghers’ Roman „Transit“ denken, in dem Marie, von Café zu Café eilend, ihren Mann sucht, den sie bis zum Schluss in Marseille vermutet, obwohl er längst gestorben ist.

Aber ich lebte doch noch, und jene Dame, sie hatte auch nicht mich gesucht, sondern nur die Schuhe, die ich versehentlich trug. Nein, nun nicht mehr. Ich saß barfüßig und abgestraft in der Runde und spürte, wie mir der Ärger in den Bademantel kroch. Wieso hatte sie mir meine Schuhe nicht mitgebracht? Und wieso kam er, ihr Mann, nicht selber? Er hätte, um zu mir zu gelangen, meine Schuhe anziehen dürfen. Ich hätte mich in aller Form bei ihm entschuldigen und ihn zu einem Drink an die Bar einladen können.

Leise erhob ich mich und schlich auf blanken Sohlen über das kalte Gelände bis zu jenem Ort, an dem ich meine Schuhe verlassen hatte, und stellte fest: Auch sie waren verschwunden.

Warten kann so schön sein

In häuslichen und handwerklichen Dingen bin ich nicht sonderlich begabt. Nehmen wir als Beispiel unseren Tischenzwisch. Statt ihn abzuräumen und zu reparieren, beschreibe ich ihn lieber. Oder die Zahnpasta-Flecken im Bad. Statt zum Scheuerlappen zu greifen, fahre ich schnell zwei, drei Mal mit dem Filzpantoffel drüber. Das ist nicht sehr nachhaltig, spart mir aber Zeit, die ich zum Schreiben nutze.

Es macht keinen Sinn, um den heißen Brei herumzureden: Mein Lieblingsplatz im Haus ist weder die Küche noch das Bad, schon gar nicht jene Kammer, in der die Haushaltsgeräte stehen. Ich sitze gern am Schreibtisch und steigere mit Kolumnen das Bruttosozialprodukt. Das werde ich wohl auch noch als Rentner tun, denn Schreiben ist wie Holzhacken: Es strengt an, aber beruhigt. Und hinterher hat man was zum Verbrennen.

In den Wochen nach meinem Fahrradsturz habe ich schon mal für den Ruhestand geprobt: Viele Arzt- und Apothekenbesuche, ausgiebige Spaziergänge, aber nicht zu schnell, hin und wieder ein Nickerchen nach dem Mittagsmüsli. Danach aufstehen und ... Naja, Kochen ist auch nicht meine Domäne. Spaghetti, Bratkartoffeln, Spiegelei, Eierkuchen, Mehlsuppe und Grießbrei bekomme ich ganz gut hin. Für eine wirklich gute Linsensuppe langt es schon nicht mehr. Es ist auch verdammt schwer, auf dem Kochfeld zu glänzen, wo K. aus frischen Marktprodukten eine Köstlichkeit nach der anderen zaubert. Natürlich will ich als schreibender Rentner nicht den ganzen Tag vorm Computer hocken. Punkt vier werde ich Kaffee kochen, den Kamin anheizen und vom Balkon in der vorbeiwuselnden Menge Ausschau nach dem weißen Küchenfahrrad halten. Da K. nach der Arbeit meistens noch etwas einkauft, weiß ich nie genau, wann und von wo sie kommt.

Ach, wie kann warten schön sein!

Im Sitzen auf und nieder

Anfangs waren die Offerten unverbindlich und erschwinglich: mal ein Billigflieger nach Mallorca, mal eine Kaffeefahrt in den Breisgau. Last minute natürlich. Dann Angebote gehobener Art von flüge.de, Rückenwind-Ferien und Secret Escape. Eines Tages öffneten sich plötzlich per Mausklick Luxushotels und Fünf-Sterne-Strände, und ich war reif für die Elitepartnerinnen. Schöne, kluge Frauen mit Doktortitel lächelten mich auf der Website an. Dann, wie aus dem Nichts, der Absturz: „Günstiger Treppenlift, inklusive Lieferung und Montage!"

Als die Anzeige zum ersten Mal auftauchte, hielt ich sie für ein Versehen. Amüsiert klickte ich auf den Link und blickte in eine Jugendstilvilla. Ein weißer Stuhl mit Zahnradantrieb parkte am Fuß des Treppenaufgangs. Hatten sich die Online-Werber in der Adresse geirrt? Ich dachte an unser Haus mit der steilen Holztreppe und sah mich für einen Moment rücklings hinaufschweben. Rasch löschte ich den Spuk.

Am nächsten Morgen war er wieder da. Er lauerte in meinem E-Mail-Postfach. Mit spitzen Fingern kickte ich ihn in die Tonne. Doch von nun an wurde ich ihn nicht wieder los. In den Nächten träumte ich von ihm. Stundenlang sauste ich auf und nieder, bis der Stuhl auf halber Treppe steckenblieb.

Hilflos zwischen Erd- und Obergeschoss hängend, erwachte ich.

Angstschweiß stand mir auf der Stirn. Wieso wussten die, dass ich bald Rentner bin? Woher kennen sie meine Rückenprobleme? Nun, sie sammeln Daten und wissen vermutlich besser über mich Bescheid als ich selber. Ich weiß ja nicht mal, wann das Treppenlift-Alter beginnt, mein endgültiges Aus für die Elitepartnerinnen. Noch ein paarmal Rückenwind-Ferien und dann nur noch die Haustreppe hoch und runter? Mit zitternder Hand öffne ich mein Postfach, mag aber gar nicht mehr hineinschauen. Natürlich ist der Wunschtreppenlift schon da. Er wartet jetzt jeden Tag auf mich. Steig ein, schnurrt er, bald wirst du mich brauchen.

Schau durch meine Brille, Kleines!

Petra sucht ihre Brille. Nimm meine, schlage ich vor. Nein, meine sei zu schwach. Die von Doris gehe. Doch Doris braucht ihre selber. Jetzt habe ich aus unserer Redaktionsstube geplaudert. Dort sitzen wir wie festgeschraubt acht Stunden oder länger vor jeweils zwei Monitoren. Nur unsere Augen und Finger bewegen sich. Manchmal schweift der Blick drüber weg zum Fenster, um etwas von der Landschaft zu erhaschen, und bleibt an der Sonnenjalousie hängen. Doch wenn ich mich umdrehe, sehe ich den Tower des Flughafens Erfurt-Weimar. Ich sollte mich öfter umdrehen, das würde auch die Rückenmuskulatur trainieren, doch meistens vergesse ich es. Nur wenn eine Maschine startet, erinnere ich mich wieder daran. Das passiert leider zu selten.

Die Lesebrille ist nicht mehr nur eine Alterserscheinung, sie ist auch das Ergebnis unserer Arbeits- und Lebensweise.

Zu häufig schauen wir auf Mattscheiben und viel zu selten in die Ferne. Kurzsichtigkeit beginnt immer früher.

Kennen Sie den Film „Giulias Verschwinden“? Die Hauptfigur, gespielt von Corinna Harfouch, wird 50, und im Restaurant warten die Freunde, um mit ihr Geburtstag zu feiern. Doch Giulia kommt nicht. Der Kellner bringt schon mal die Speisekarte, und wie auf Kommando setzen alle ihre Lesebrille auf.

Mit fünfzig brauchte ich noch keine. Doch der Abstand zwischen Auge und Buch wuchs. Als er die Armlänge überschritt, kaufte ich mir eine Brille von der Stange. Hatte ich wirklich geglaubt, eine würde reichen? Nach ein paar Tagen war sie weg, und auch die zweite verschwand. Meine dritte Brille vergaß ich nach einer Lesung im alten Dorfsaal. Am nächsten Tag suchte ich sie. Vergeblich. Freund Rudi äußerte die reizende Vermutung, eine Verehrerin könnte sie an sich genommen haben.

Inzwischen weiß ich, dass man, um im Alltag den Durchblick nicht zu verlieren, ein Dutzend Lesebrillen braucht. Zwei stecken in Mantel und Jackett, eine liegt im Auto, eine weitere am Computerarbeitsplatz. Die übrigen habe ich über alle Zimmer verteilt. Eine besonders schöne behalte ich für treue, auf persönliche Andenken erpichte Leserinnen in Reserve: Schau durch meine Brille, Kleines!

Alter, du wirst abgehängt!

Wenn man die 60 überschritten hat, sollte man hin und wieder bei der jungen Generation Rat suchen. Heute erklärt mir meine 21-jährige Ziehtochter, Studierende der Fachrichtung International Management, weshalb ich nicht länger auf ein Smartphone verzichten kann.

„Du brauchst es schon mal, um unser Gespräch aufzuzeichnen“, sagt T. „Wir können es auch als Video aufnehmen und anschließend ins Netz stellen. Oder wir senden es als Live-Stream.“

„Oh“, sage ich, „das geht mir zu schnell.“

„Dann frag, was du wissen willst.“

„Warum muss man Tag und Nacht auf sein Smartphone starren?“

„Um nichts zu verpassen. Natürlich gibt es User, die sehr viel Zeit damit verbringen, irgendwelchen Typen auf Facebook oder Instagram zu folgen. Aber du kannst mit dem Smartphone auch Dinge tun, die super sinnvoll sind.“

„Welche?“

„Zum Beispiel mit Freunden auf der ganzen Welt kommunizieren. Du kannst von überall auf Sprachnachrichten und E-Mails zugreifen, Informationen checken, Flüge und Zugtickets buchen, Klamotten kaufen oder Geld überweisen. Das spart jede Menge Zeit und Papier.“

„Gut, aber …“

„Das Smartphone zeigt dir, wo's langgeht. Erinnerst du dich, wie der Verkäufer geguckt hat, als du nach einem Navi fürs Auto gefragt hast? Wer braucht denn heutzutage noch ein Navi …“

„Gut, aber …“

„Sie werden das Bargeld abschaffen. In Berlin gibt es schon Cafés, wo du nur noch mit Karte oder Smartphone zahlst. Was machst du, wenn du keins hast?“

„Nicht reingehen.“

„Und wenn es überall so kommt? Wer nicht mit der Zeit geht, hat die Arschkarte.“

„Gut, aber verbringst du nicht viel zu viele Stunden im Digitalen?“

„Tja, was soll man machen. Selbst mein Semester läuft jetzt online. Aber eine spezielle App zeigt mir, wann ich produktiv bin und wie viel Zeit ich mit Unnützem verplempere.“

„Du meinst also, es wird keine Zukunft ohne Smartphone geben?“

„Zukunft? Eigentlich ist es schon wieder überholt. Das Smartphone wird bald durch einen Chip ersetzt.“

„Dann warte ich auf den Chip.“

„Bis dahin bist du abgehängt, Alter.“

Wir fuhren noch mit Kassettenlaufwerk

Wieder habe ich die Randgruppencombo verpasst. Gestern waren die Tübinger mit ihrem grandiosen Gundermann-Revival in Weimar, also fast vor meiner Haustür. Nur, was nützt das, wenn man sich gerade auf Malta erholt? Während über dem Mittelmeer die Sonne untergeht, ruft Buschfunk-Manager Dr. Koch an, der die Gruppe unter Vertrag hat. Wie geht's, wie steht's?

„Die jungen Leute kaufen keine CDs“, sagt er.

„Die jungen Leute abonnieren keine Zeitung“, sage ich.

Aber wir wollen nicht klagen. Niemand zwingt mich, Zeitung zu machen, und niemand zwingt ihn, Alben und DVDs auf den Markt zu bringen. Klaus Koch hat Buschfunk 1990 als Künstlerbüro gegründet und zum ersten unabhängigen Musikverlag der DDR ausgebaut. Der Staat verschwand, Buschfunk blieb und pflegt den Ostrock bis heute. Hat aber auch eigensinnige Westrocker wie Rio Reiser, Stoppok oder Kettcar im Programm. Wir haben uns in den 90er-Jahren über den Liedermacher Gerhard Gundermann kennengelernt. Damals besuchte ich den promovierten Manager in seinem Plattenladen im Prenzlauer Berg.

„Lange her“, sage ich.

„Lange her“, sagt er.

„Ich fuhr noch ein Auto mit Kassettenlaufwerk“, sage ich.

„Tamara Danz war schon tot, und Gundi spielte im Vorprogramm von Bob Dylan“, sagt er.

Wir schweigen, denn wenige Jahre später war auch Gundermann gestorben. Zum zehnten Todestag organisierte Dr. Koch in Berlin ein Gedenkkonzert mit Silly, Seilschaft, Axel Prahl, Andreas Dresen und der Randgruppencombo.

„Lange her“, sage ich.

„Lange her“, sagt er.

„Was gibt’s Neues?“, frage ich.

„Gerade nehmen wir“, erzählt er, „die Songs zu Andreas Dresens Gundermann-Film auf. Der Hauptdarsteller Alexander Scheer singt alle selber. Und wir machen eine neue Platte mit Frank Schöbel und Aurora Lacasa ...“

„Schallplatte? Das ist nicht dein Ernst ...“

„Doch. Weihnachten in Familie, das lieben die Leute.“

„Mist“, sage ich, „ich habe meinen Plattenspieler entsorgt.“

„Dann kauf dir einen neuen.“

Wollen wir denn ewig leben?

Ich hatte immer gedacht, der Tod gehört mit zum Leben. Man wird geboren, reift, altert und stirbt. Nein, behaupten die Transhumanisten. Aus der Sicht des Mediziners sei der Tod ein bedauerlicher Unfall. Woran stirbt man denn? An Herzversagen? Den Herzmuskel könne man austauschen. An verstopften Arterien? Die würden künftig von Nanorobotern gereinigt. An Krebs? Nur eine Genmutation, die sich korrigieren lasse. Zellen zerfallen zwar, ließen sich aber erneuern.

Nach Ansicht dieser technikgläubigen Futuristen kann der Mensch 250 bis 500 Jahre alt werden. Vorausgesetzt, er unterzieht sich regelmäßig einer Frischzellenkur oder begibt sich in eine Symbiose mit einer runderneuerbaren Maschine.

Träumerei oder Science-Fiction? Im Silicon Valley arbeiten sie intensiv daran. Die Reichsten der Welt investieren Unsummen in die Unsterblichkeitsforschung. Das Motiv liegt auf der Hand: Was nützt aller Reichtum, wenn man ihn nicht mit ins Jenseits nehmen kann? Der Google-Futurist Ray Kurzwell glaubt fest daran, dass es ab 2029 gelingen werde, mit Hilfe der Nanotechnik unsere Lebenserwartung zu erhöhen. Auch andere aus seinem Dunstkreis prophezeien, dass Menschen, die heute 30 Jahre und jünger sind, noch in den Genuss solchen Fortschritts kommen werden. Sie dürften dann mit einer Lebensdauer von hundert Jahren und mehr rechnen. Yuval Noah Harari, Autor des Bestsellers „Homo Deus – Eine Geschichte von Morgen", meint zwar, dass der entscheidende Durchbruch erst am Ende des 21. Jahrhunderts zu erwarten sei, hält aber Unsterblichkeit ebenfalls für grundsätzlich möglich. Die hätte jedoch ihren Preis. Wenn heute gilt, wer arm ist, stirbt früher, gelte künftig, wer viel Geld hat, darf ewig leben.

Und was ist mit uns, die wir zu alt sind für die Verjüngung? Wir können uns nach dem Tod einfrieren lassen. Die Alcor Life Extension Foundation mit Sitz in Phoenix (USA) wirbt mit der Prognose, dass die Technik in 100 oder 200 Jahren weit genug fortgeschritten sein werde, einen tiefgefrorenen Menschen wiederzubeleben. Ganzheitlich oder nur im Geiste, je nachdem wieviel wir bereit sind zu zahlen. Die Konservierung des Gehirns samt Schale kostet 80.000 Dollar, die des gesamten Körpers 200.000 Dollar.

Da die Auferstehung nicht garantiert werden kann, werde ich mein Erspartes nicht in ein Himmelfahrtsunternehmen mit zweifelhaftem Ausgang stecken. Lieber gönne ich mir einen schönen Lebensabend.

Presslufthammer und Kalaschnikow

Seit unserem Kreta-Urlaub geht es mir nicht gut. Ich habe Salzwasser im Ohr und nehme jeden Laut wie durch dicke Watte wahr. Wenn ich die Ärztin richtig verstanden habe, sind meine Gehörgänge entzündet. Ein paar Tage und rund 400 Tropfen später sitze ich wieder auf ihrem Stuhl und werde durchgespült. Ein Hörtest soll Aufschluss darüber geben, wie es um meinen Hörapparat bestellt ist.

Ich weiß gar nicht, ob ich die Einzelheiten schildern darf. Unlängst schrieb ich über meinen Besuch in einem Erfurter Friseursalon und wurde mit Hausverbot bestraft.

„Tut mir leid“, sagt die Assistentin, als sie mir die Kopfhörer gibt. „Draußen sind Bauarbeiten im Gange. Am besten nicht hinhören.“

Ich versuche, mich auf das zu konzentrieren, was aus den Hörern kommt, und drücke den Knopf. Manchmal warte ich lange, weil der Presslufthammer stört. „Oh je“, seufzt die HNO-Ärztin, als sie die Auswertung vornimmt. „Sie hören die hohen Töne nicht!“

Ich frage sicherheitshalber noch mal nach.

„Schauen Sie“, sagt die Spezialistin und zeigt mir ein Diagramm. „Hier müssten die hohen Töne sein, und da ist bei Ihnen ...? Nichts! Das sieht stark nach einem Hörsturz aus.“

Ich überlege, ob ich das schlechte Ergebnis auf die Baustelle schieben soll, doch dann fällt mir ein, dass ich dieses Diagramm schon einmal gesehen habe. „Kann das“, frage ich zögernd, „von meinem Lärmtrauma rühren?“

„Ach, Sie hatten ein Lärmtrauma. Wann denn?“

Vor 42 Jahren. Ich war mit 19 zur Armee eingezogen worden, wo ich meine erste Schießübung absolvierte. Nach drei, vier Salven mit der Kalaschnikow war Schluss. Ich wurde vom Schießen befreit und höre seitdem auf dem linken Ohr schlechter.

„Demnach haben Sie schon damals die hohen Töne nicht gehört? Das wäre eine Erklärung. Aber sonst hören Sie ja noch ganz gut.“

„Ja, besonders den Presslufthammer.“

Wirf die Gläser an die Wand!

„Nach Moskau!“, rief Vater. Er packte seinen Koffer und flog voraus. Ein Jahr später folgten meine Mutter und ich in der von Propellern getriebenen IL 18. Ich war sechs und sehr aufgeregt, schließlich zogen wir in die Hauptstadt der Sowjetunion, des größten Landes der Erde und des fortschrittlichsten, wie wir glaubten.

Vater wartete in Scheremetjewo und lotste uns durch die Kontrolle. Auf der Fahrt zu meinem neuen Zuhause bestaunte ich die Leninberge und die Türme der Lomonossow-Universität. Wir hielten vor einem Neubaublock. Unsere Drei-Zimmer-Wohnung im neunten Stock hatte Zentralheizung, doch wir mussten sie mit den Küchenschaben teilen. Die Biester machten sich über die Lebensmittel her und trotzten den Kammerjägern, die mehrmals im Jahr ihr Gift verspritzten.

Nun, ich war Kind und erlebte mein erstes großes Abenteuer. Noch nie hatte ich eine Großstadt mit so vielen Hochhäusern gesehen. Wenn man die Rolltreppe zur Metro hinabfuhr, öffneten sich unterirdische Paläste mit Marmorböden und Kristallkronleuchtern. Unser Haus hatte einen Müllschlucker und einen Fahrstuhl, vor dem eine Babuschka saß und strickte. Die Welt war damals für mich in Ordnung: Vater kämpfte für den Frieden, Mutter kämpfte gegen die Schaben und ich strebte im Unterricht nach Bestnoten. Obwohl es Versorgungslücken gab und wir in kalten Wintern die Fensterritzen verklebten, um nicht zu frieren, lebten wir in einem komfortablen Getto.

Ich war nie wieder dort. Ein bisschen beneide ich meine Kollegin Elena R., die in Moskau studiert hat und es jetzt ihrer Tochter zeigt. Putins Moskau. Gern würde auch ich schauen, was sich seit der Ära Chruschtschow und Breschnew verändert hat. Mein Vater beendete 1966 seine Diplomatenlaufbahn, blieb aber der poststalinistischen Ideologie verhaftet, bis Gorbatschow mit der Perestroika begann.

Nach dem „Umbau“ lag für ihn kein Stein mehr auf dem anderen. Die Akademie, an der er gelehrt hatte, wurde geschlossen. Kurz vor seinem Tod verglich er sich mit dem Helden aus Iwan Gontscharows Roman „Oblomow“, der dem untergehenden Adel angehörte und keinen Sinn mehr im Leben fand. Vater fragte sich, ob er ein „Lischnij Tschelowek“ sei – ein überflüssiger Mensch. Wenn ich Dschinghis Khan singen höre: „Moskau, Moskau! Wirf die Gläser an die Wand!“, denke ich: Hätten wir es doch getan.

In zehn Minuten aufs Parkett

„Wenn du im Ruhestand bist, machen wir einen Tanzkurs!“ Schon seit Längerem schwebt K.'s Angebot wie eine Drohung über mir. Bald werde ich keine beruflichen Verpflichtungen mehr vorschieben können, dann muss ich mich der Herausforderung stellen. Nicht nur um der partnerschaftlichen Harmonie Willen. Auch, weil Tanzen fit hält und die Seele stärkt. Heute Abend gibt's schon mal Gelegenheit zum Üben. T. hat Abi-Ball, und ich muss aufs Parkett. Was tanzt man da? Rock'n'Roll, Foxtrott, Walzer oder Disco-Fox?

Meine letzte Tanzstunde hatte ich als Teenager. Wir übten in einer kohlebeheizten Baracke. Auf der einen Seite saßen die Mädchen, auf der anderen wir schlaksigen Jungs und ließen unsere Traumpartnerin nicht aus den Augen. „Darf ich bitten?" Auf das Kommando des Tanzlehrers stürzten und rangelten wir los.

Wie ging das doch gleich? Links vor, rechts vor! Links vor, rechts ran! Oder: Rechts vor, links seitwärts, rechts ran! Nicht, dass ich mich so genau erinnere. Ich lese die Schritte vom Spickzettel der DVD ab, die ich mir zur Auffrischung gekauft habe. „Tanzen lernen in zehn Minuten" – ein Last-Minute-Tanzkurs bei den Weltmeistern Olga Müller-Omeltchenko und Ralf Müller. Seit einer Stunde schiebe ich meine imaginäre Partnerin übers Wohnzimmerparkett. Rechtsdrehung beim Foxtrott und Walzer-Pendelschritt klappen schon ganz gut. Aber die halbe und ganze Brezel überfordern mich.

Am Abend im Kaisersaal bin ich immer noch unsicher. Ich verrate K. und T. nicht, dass ich geübt habe. Gleich, denke ich, werden sie einen Tusch spielen. Die Söhne werden ihre Mütter und die Väter ihre Töchter zum Tanz auffordern, und der Rest wird neugierig zuschauen. Sie werden alle auf deine Füße schauen, denke ich. Und wenn schon, du darfst nicht kneifen! Ich warte noch auf die Kapelle, als plötzlich Bässe wummern. Verwundert blicke ich zur Bühne, wo nur ein DJ ist. „Geil!" T. springt auf und folgt ihren Freundinnen auf die Tanzfläche. K. und ich schauen uns an. Die Abiturienten hüpfen unter sich.

Spar deinen Wein nicht auf für morgen

Sie müssen mehr trinken, rät meine Hausärztin. Mindestens anderthalb bis zwei Liter täglich. Nein, das schaffe ich nicht. Außerdem ist mein Weinkeller leer. Ich hole mir ab und zu eine Flasche in der Kaufhalle, das muss dann bis zur nächsten Kolumne reichen.

Als ich wieder mal nach dem Unstrut-Krokodil ausschaue, habe ich einen guten Roten auf dem Tisch. Nach dem zweiten Glas raschelt es im Bambus, und nach dem dritten huscht ein Waschbär über das Remisen-Dach. Einfach so, am helllichten Tag! Leider sehe ich ihn nur von hinten. K. glaubt, ich hätte Nachbars Katze gesehen. Dass ich nicht lache! Seit wann haben Katzen so einen buschigen Schwanz?

Früher hieß es, ein Glas Rotwein am Abend könne nicht schaden. Das sei gut fürs Gemüt. Das waren noch Zeiten! Vor allem gab es noch keine Studien. Seit es diese Studien gibt, trinke ich von Mal zu Mal mehr. Eine Studie beweist dir nämlich immer, dass du falsch liegst. Und selbst wenn du richtig liegst, behauptet sie das Gegenteil. Dann das Gegenteil vom Gegenteil. Und so weiter. Leider bin ich süchtig nach Studien. Ich ziehe mir jede rein, die ich kriegen kann. Kaffee sei gesund und stimuliere den Geist, heißt es hier. Kaffee sei schädlich und treibe den Harn, heißt es dort.

Ich bleibe bei meinem Rotwein und lese in einer brandneuen Studie, dass die Mehrheit der Männer kluge Frauen wolle. Intelligenz, das haben Wissenschaftler herausgefunden, rangiert bei der Partnerwahl vor Schönheit. Darauf ein Gläschen. Aber warum nicht beides, schließt das eine das andere etwa aus? Ich wage nicht, darüber mit K. zu diskutieren. Womöglich zeigt sich auf dem Flaschengrund, dass ich weder das eine noch das andere bin.

In meiner Lieblingsstudie steht, dass Männer zu oft und zu

viel Alkohol konsumieren, Frauen aber dabei seien aufzuholen. Wenn sie das schaffen, was unterscheidet uns dann noch? – Da, der Waschbär …!

Nie wieder zwanzig sein!

Weiß er eigentlich, wovon er da singt, dieser Willy Schneider? „Man müsste nochmal zwanzig sein!" Mit zwanzig war ich bei der Fahne, musste als Soldat täglich mein Bett bauen, die Waffe reinigen und vor rüpeligen Vorgesetzten strammstehen. Mit zwanzig wurde ich von meiner Jugendliebe verlassen. Nein, nie wieder! Dann schon lieber die Beatles: „When I'm Sixty Four!" Oder wie Udo Lindenberg nuschelt: „Wirst du mich lieben, wohl immer noch lieben / wenn ich 64 bin?"

Ich bin jetzt 64 und finde es in Ordnung. Wenn ich nachts höre, wie sie unten im Park Party machen, mit Bierflasche, Lautsprecher-Box und hormongesteuertem Gegröle, denke ich: Ein Glück, das brauchst du nicht mehr. Du musst auch keine Bewerbungen mehr schreiben, zu keinem Vorstellungsgespräch mehr gehen und nie wieder einen Chef davon zu überzeugen versuchen, dass du der Geeignetste für den Job bist. Ich kann einfach ich sein. Vielleicht ist das ja das größte Privileg des Alters, dass man sich nicht verstellen und verbiegen muss. Und dass man zurückschauen und sagen kann, das und das hast du hinter dir.

Leider hat man mit 64 nicht mehr so viel vor sich. Und vielleicht würde man heute manches anders machen. Zum Beispiel würde ich gern noch einmal studieren. Aber ohne Präsenzpflicht und Prüfungen. Am liebsten etwas mit Evolution und Umweltschutz. Bevor ich vergehe, würde ich gern noch wissen wollen, wie Leben entsteht.

Zwei Jahre sollte ich damit noch warten. Mit 66, nicht wahr, Udo Jürgens, fängt das Leben erst an. Vielleicht schreibe ich mich dann noch mal an einer Uni ein. Und vielleicht verliebe ich mich dort auch noch mal in eine Studentin, die nicht wesentlich jünger ist als ich.

Wir waren keine Mutschekiepchen

Mitten in der Buga-Lesung stocke ich. Was habe ich da geschrieben? „Der Wind öffnete Evis himmelblauen Bademantel, und der kleine Sommer rief: Mann, hat die Knollen!"

Ist das sexistisch?

Es war, wie es war. Wir waren zwölf, und die Dreieckbadehose verschaffte uns Jungs beim Umkleiden einen Vorsprung, so dass wir zusehen konnten, wie die Mädchen sich mit ihren Badeanzügen abmühten. Klar waren wir scharf auf das andere Geschlecht. Der kleine Sommer war immer einen Zahn schärfer. Woher wusste er, dass die Lehmann schon Haare hatte?

Ich merke, wie ich mich vorm Publikum zu erklären versuche. Wir waren jung, neugierig und drängend. Standen voll im Saft. Zogen verbal über Mädchen her und liebten versaute Witze. Und natürlich schlugen wir hier und da auch mal über die Stränge. Jetzt, im Zeitalter von MeToo, traut man sich kaum noch, einer Frau in den Ausschnitt zu gucken. Und die Ausschnitte werden immer tiefer. Die Männer seien verunsichert, heißt es. Ja, warum wohl?

Die Zuhörer warten, dass ich mit der Lesung fortfahre. Vor ein paar Jahren, denke ich, wurden Verse von einer Hausfassade entfernt, weil der Dichter darin Frauen mit Blumen verglich. Ich vergleiche in einer Geschichte meine

Schreibmaschine mit einer Geliebten: „Ach, Erika, du verlangtest einen harten Anschlag."

Meine Texte strotzen nicht vor sexuellen Anspielungen, doch diese gehören dazu. Mal wird durchs Schlüsselloch gelinst, mal steht beim Rendezvous im Schulgarten der Rhabarber hoch und es wird splitternackt aus dem Bett gehechtet, um rechtzeitig die Schallplatte umzudrehen. Wir waren doch keine Mutschekiepchen! Aber wer weiß schon, wie es unter Mutschekiepchen zugeht.

Älterer Herr mit Fotoapparat

Alexander Osangs neues Buch „Fast hell" fesselt von der ersten bis zur letzten Seite. Besonders nahe geht mir die Episode in der St. Petersburger Eremitage, wo er auf die Taschendiebe trifft. Natürlich erkennt er sie nicht, er wird von der Stadtführerin vor ihnen gewarnt. „Manche sehen aus wie bemitleidenswerte ältere Herren mit klobigen Fotoapparaten", heißt es. Eine perfekte Tarnung, mit der sie auch noch ihre Opfer verhöhnen.

Im selben Outfit wurde ich zwei Mal beklaut. Ich, der ältere Herr mit der Spiegelreflexkamera! Sie lag zwar in meinem Rucksack, doch Taschendiebe riechen das. In Barcelona stand der Rucksack neben mir auf der Bank, als ich von schräg hinten angesprochen wurde. Jemand fragte etwas, und eh ich mich versah, war der Rucksack weg.

Das passiert dir nicht noch mal, dachte ich, als ich mich in Mexiko-Stadt in die überfüllte Metro quetschte. Sicherheitshalber hatte ich den Rucksack mit der neuen Kamera vorher abgenommen und hielt ihn in Bauchhöhe. Nach mir quetschten sich noch Dutzende Mexikaner in den Waggon und drückten mir fast die Luft ab. Zu keiner Regung mehr fähig, blickte ich auf den blau-schwarzen Scheitel eines Mannes, den ich für einen Nachfahren der Azteken hielt. Ich bedauerte ihn, weil er in der Hitze eine gesteppte Jacke trug. Dass er sich an meinem Rucksack zu schaffen machte, begriff ich erst, als ich aussteigen wollte. Panisch riss ich an dem einen, er krallte am anderen Ende. Ich war heilfroh, als ich wieder draußen war. Die Wagentür schloss sich zwischen uns. Ich hatte den Rucksack, er die Kamera.

Vielleicht sollte ich künftig mein Glück in der Eremitage versuchen. Als bemitleidenswerter älterer Herr, ohne Fotoapparat.

Wie ich mein Dreirad wiederfand

Was wollte ich doch gleich? Ach ja, mein Gedächtnis. Es spielt mir immer öfter einen Streich. Am Abend stelle ich das Auto irgendwo ab, und am nächsten Morgen begebe ich mich auf die Suche. Oder ich mache mir Kaffee und vergesse, ihn zu trinken. Als unsere Redaktion noch in Weimar in der Marienstraße war, fuhr ich jeden Vormittag meine Runde: Bauhausstraße, Haußknechtstraße, Eckermannstraße, manchmal auch mehrmals. Irgendwann fand sich eine Parklücke. Nach Dienstschluss lief ich zu der Stelle, an der das Auto meiner Erinnerung nach stehen müsste. Aber dort stand es nicht. Dort hatte es gestern gestanden. Oder vorgestern.

Das Kurzzeitgedächtnis schwächelt im Alter. Dafür fallen einem Dinge ein, die Jahre oder Jahrzehnte zurückliegen oder die man verdrängt hatte. Wo ein Plus ist, ist auch ein Minus, schrieb der alte ... Wie hieß er gleich? Richtig: Strittmatter. Erwin Strittmatter.

Vergessen wird gern, dass der geistige Verfall schon mit 26 beginnt. Das ist medizinisch erwiesen. Und man sieht es auch jeden Tag, wenn sie Tretroller fahren oder mit ihrem Smartphone vor Augen in eine Straßenbahn oder gegen die Laterne laufen. Oft wird noch mit Alkohol nachgeholfen. Aber was wollte ich eigentlich sagen?

Vergessen ist lebenswichtig. Wie sonst bekäme man den Datenmüll, der täglich auf uns einströmt, wieder aus dem Kopf? Es gibt keine Löschtaste, und leider haben wir auch kaum Einfluss darauf, was das Unterbewusstsein in uns hochspült. Ich sehe meinen Großvater, wie er beim Verlassen des Hauses stoppt. „Hast du den Gashahn zugedreht?" Großmutter zuckt mit den Schultern. Schriftstellerkollegin Antje B. berichtet, sie habe mit Nel, unserem Erfurter Karikaturisten, dessen Auto gesucht. Es stand im Parkhaus, doch Nel wusste das Deck nicht mehr. Also sind sie mit Antjes Wagen nach und nach alle Parkdecks abgefahren.

Als ich mal wieder meinen Wagen suche, springt unvermittelt das Langzeitgedächtnis an. Es verrät mir, wo ich mein Dreirad abgestellt habe. Vor 59 Jahren! Eigentlich müsste ich dringend nach Halle, um nachzuschauen, ob es noch da ist.

Schnee hat keine Balken

So wackelig habe ich mich lange nicht gefühlt. Vorsichtig schiebe ich einen Fuß vor den andern und hole die Hüfte nach. Nach einer Weile schaffe ich es, die Spur zu halten, und stoße mich kräftiger ab. Leicht wippend gleite ich vorwärts.

Na bitte, geht doch! Aber nur bis zur ersten Abfahrt. Dort tritt mir der Angstschweiß auf die Stirn, obwohl das Gefälle alles andere als halsbrecherisch ist. Als Kind wäre ich hier locker hinuntergesaust. Jetzt spüre ich meine weichen Knie und scheue wie ein Brauereipferd, das einen Wildbach durchqueren soll.

Wasser, pflegte mein Großvater zu sagen, hat keine Balken.

Schnee, denke ich, leider auch nicht.

Großvater fürchtete größere Gewässer, denn er hatte nie schwimmen gelernt. Ich bin schon als kleiner Junge auf gewachsten Brettern durch die Moskauer Leninberge gerutscht. Im Babelsberger Park hatten wir uns später eine Mini-Schanze gebaut und waren in Helmut-Recknagel-Manier ein bis zwei Meter gehopst. Lange her. Schwimmen verlernt man nie. Und Skifahren?

Zwei junge Mädchen gleiten lachend an mir vorbei. Ich zögere noch immer. Will ich hier anfrieren? Großvater, steh' mir bei, flüstere ich und gebe mir einen Ruck. Hui! Geht doch! Ich bin doppelt so schnell als früher, was wohl an meinem Gewicht liegt, aber nicht halb so geschmeidig. Vor allem wissen meine Beine nicht mehr, wie man bei dieser Geschwindigkeit um die Kurve kommt. Als ich den linken Fuß anhebe, um aus der Loipe auszuscheren, wirft es mich um.

Ich bin in meinem Leben oft auf dem Steiß gelandet, aber nie so, dass ich danach kaum noch sitzen konnte. Ein Kissen hilft mir jetzt, am Computer eine halbwegs gute Figur zu machen. Wenigstens habe ich was zu schreiben.

Nachts auf der Couch

Vergessen kann man erst, wenn man aufgehört hat zu verdrängen. An diesen Satz des Philosophen Gunnar Decker denke ich jetzt oft, wenn ich aus einem Traum erwache.

Mir träumt, ich muss zum Flughafen und finde meinen Reisepass nicht. Mir träumt, ich stehe auf dem Bahnsteig, und mein Koffer ist weg. Schweißgebadet wache ich auf und sage mir: War doch nur ein Traum. Oder mir träumt, dass ich im Homeoffice sitze und mein Laptop nicht mehr hochfährt. Als ich nachschaue, stelle ich fest, da fehlt nicht nur das Kabel, sondern auch die Festplatte ...

Der Traum, dein unbekannter Bruder? Bei Tage glaube ich, mein Leben im Griff zu haben. Doch nachts erwachen die Zweifel. Plötzlich fürchte ich mich vor Abgründen und Fehltritten oder verspüre eine Schreibblockade. Gehören Träume nicht mit zum Leben?

Seit einem Jahr schreibe ich an einem Buch über die Thüringer Wälder im Klimawandel, das bis zum Sommer fertig und gut werden soll. Ich habe Freunde lange nicht besucht und Kontakte abreißen lassen, die mir einst viel bedeuteten. Ich weiß nicht, was mir die nächsten Jahre bringen werden. Wahrscheinlich schaffe ich es nicht, alle meine Vorhaben in die Tat umzusetzen. Und bestimmt fürchte ich auch etwas. Nein, nicht den Tod. Aber schwere Krankheiten im Alter.

Was mein Psychotherapeut dazu sagt? Ich habe keinen. Ich rede mir ein, dass ich mich selbst therapieren kann, indem ich es aufschreibe. Nachts liege ich auf der Couch und tagsüber sitze ich am Schreibtisch. Natürlich habe ich manchmal auch schöne Träume. Die träume ich im Halbschlaf bewusst weiter und denke seufzend: Zu schön, um wahr zu sein.

Reinigendes Morgengetränk

Wasserkocher zischt, Kaffeepulver schäumt. Langsam mit dem Löffel die Oberfläche bewegen, bis die Krümel absinken. Holzdeckel drauf. Fertig. Vorsichtig trage ich das Elixier nach unten ins Arbeitszimmer. Jeden Morgen, pünktlich um halb acht. Man kann das ein Ritual nennen. Für mich ist es der Muntermacher. Ohne Kaffee, schwarz und türkisch in der großen Tasse gebrüht, geht gar nichts. Nicht mal diese Kolumne.

Doch heute? Nachdem ich mir eine Weile die Hände an der Tasse gewärmt habe, hebe ich den Deckel, puste und nehme mit spitzen Lippen den ersten Schluck. Noch heiß. Aber auch ... sauer? Meine Geschmacksnerven sträuben sich. Nach dem zweiten Schluck schüttelt es mich.

Ich sause die Treppe wieder hoch, greife nach der Tüte, die ich mir im Coffee-Shop abfüllen ließ, und studiere die Produktbeschreibung: vollmundig, nussig, mit zartem Schokogeschmack und leichter Säure.

Leichte Säure?

„Koste mal", sage ich zu K. und reiche ihr die nun auch säuerlich riechende Tasse. „Schmeckt wie Essig."

„Das ist Essig!", erwidert K. „Hast du etwa den Wasserkocher nicht ausgespült?"

Alter, es ist immer dasselbe. Weil wir in der Landeshauptstadt hartes Wasser haben, befüllt K. von Zeit zu Zeit das Behältnis mit einer Essigessenz, damit der Kalk sich von der Innenwand löst. Leider in unregelmäßigen Abständen. Und jedes Mal vergisst sie, mir Bescheid zu sagen. Auch das gehört zum Ritual: K. sagt nichts, und ich merke nichts. Ich merke es immer erst, wenn ich trinke. Wie viel hartes Leitungswasser, frage ich mich, habe ich vor unserer reinigenden Bekanntschaft getrunken und wo lagert sich der Kalk im Körper ab? Vielleicht hätte auch mein Gehirn ab und zu eine Spülung nötig.

„Wenn du dann Rentner bist ...“

Natürlich freue ich mich, irgendwann nicht mehr zur Arbeit strampeln zu müssen. Ich werde aber weiterhin früh aufstehen, meine Übungen machen und K., wenn sie zum Dienst geht, bis zur Haustür begleiten. „Bis später, Liebling ...“ Aber dann! Dann werde ich meine Reinhard-Lakomy-Platte auflegen und laut mitsingen: „Heute bin ich allein / Und richte mir den Tag schön ein ...“

K. hat, glaube ich, andere Vorstellungen.

„Wenn du dann Rentner bist“, sagt sie, und sie sagt es immer öfter. „Wenn du Rentner bist, gehst du auf den Markt, kümmerst dich um den Hof und bestellst die Handwerker. Es gibt immer was zu tun am Haus.“ Zudem müssen die Bäume beschnitten, die Blumen gegossen und die Bücherregale abgestaubt werden. Staubsaugen, Rasenmähen und Laubharken inklusive. „Und hast du mal in den Keller geschaut?“

Als Rentner, so viel weiß ich schon jetzt, werde ich nie Langeweile haben. Ich werde in meiner Tageszeitung die Schnäppchen studieren und stundenlang auf den Ämtern sitzen. Zwischendurch werde ich die Liste abarbeiten, die mir K. jeden Morgen auf dem Küchentisch hinterlässt. Nützlich wäre es, meint sie, wenn ich noch Kochen, Backen und Nähen lernen würde. Als Belohnung darf ich mit ihr einen Tanzkurs besuchen.

Oh je. Ich überlege, von wem ich zuletzt eine To-do-List bekommen habe. Von meiner Mutter, glaube ich. Als Kind musste ich täglich frische Milch holen und freitags Flur und Wohnzimmer saugen. Ich versüßte mir die Arbeit, indem ich meine Lieblingsplatte auflegte und mir von Zeit zu Zeit einen Schluck aus der Hausbar gönnte. Manchmal sang ich lauthals mit. Meine Mutter hörte mein Geträller und wunderte sich, dass mir das Staubsaugen so großen Spaß machte.

Wie viele Rentner sind eigentlich Alkoholiker?

Ohne Ziel vor den Augen

Nächste Woche ist Klassentreffen. Wir feiern 40 Jahre Abitur. Mein Gott, wie das klingt! Fast wie 40 Jahre Unrechtsstaat. Es ist lange her, dass wir Abgänger der EOS Georgi Dimitroff ins Leben entlassen wurden. An der Penne sangen wir „Du hast ja ein Ziel vor den Augen“, robbten in der vormilitärischen Ausbildung über die Sturmbahn, und wer einen begehrten Studienplatz ergattern wollte, verpflichtete sich zu drei Jahren Ehrendienst bei der Nationalen Volksarmee.

Ich habe die Gründung und den Untergang der DDR verpasst. 1949 war ich noch nicht auf der Welt und 1989 dienstlich verhindert. Ich lehrte hinter der größeren, der Chinesischen Mauer. Auch in Nanjing feierten wir kürzlich eine Art Klassentreffen: Nach einem Vierteljahrhundert habe ich einige meiner chinesischen Studentinnen wiedergesehen, die nun selbst Lehrerinnen, Dolmetscherinnen oder Verlegerinnen sind. Manche haben auch einen erfolgreichen Unternehmer geheiratet.

Was tut man auf einem Klassentreffen? Man wundert sich, wie alt die anderen sind, und schaut kollektiv zurück. Weißt du noch, wie wir bei Tute Lehmann und bei Bio-Schulz…?

40 Jahre sind 40 gelebte Jahre, auch wenn unser Leben durch die Auflösung des Staates, dem wir einst Treue gelobten, gesplittet ist in ein Davor und ein Danach. Das Danach währt nun schon deutlich länger, doch das Davor lässt sich nicht abschütteln. Wann verloren wir das Ziel aus den Augen? Schon Mitte der 80er-Jahre oder noch früher? Vielleicht auch erst am Ende des 20. Jahrhunderts. Da sollte, laut „Weltall, Erde, Mensch“, unserem von Walter Ulbricht gestifteten Jugendweihe-Präsent, der Mond besiedelt und die Erde ein kommunistisches Paradies sein.

Plötzlich war es da, das neue Jahrtausend, und als das Aufregendste entpuppte sich die Frage, ob weltweit die

Computer abstürzen würden. Da dies nicht geschah, frage ich mich, in was für einer Welt wir jetzt leben. Ohne Ziel vor den Augen sieht man nicht so weit, dafür den Augenblick vielleicht umso schärfer. Wäre das nicht ein Grund zum Feiern?

Biblischer Urknall

Überraschend bekam ich in diesem Jahr auch Post von den Zeugen Jehovas. Um zu erfahren, wie das Leben auf der Erde entstanden ist, müsse ich doch in meinem Alter nicht noch mal studieren, schrieb mir das Ehepaar W. aus Waltersdorf. Da genüge der Blick in die Bibel.

Ich wundere mich, wie sehr sich die Zeugen Jehovas für mich interessieren. Nach dem Ende der DDR klingelten zwei ältere Damen – es sind immer ältere Damen! – mit der Bibel unterm Arm an meiner Jenaer Wohnungstür. Ob sie sich mal mit mir unterhalten dürften. Warum nicht? Woher sie meine Adresse hätten, wollte ich zunächst wissen. Na, von der SED-Kreisleitung. Offenbar versuchten sie, Genossen zu bekehren, die vom Glauben an die Partei abgefallen waren. Obwohl das kommunistische Paradies eine schöne Vorstellung ist, hatte ich schon immer mehr an die Evolution geglaubt. 20 Jahre später klingelte es bei mir in Ulla, und zwei andere Damen zitierten Bibelstellen, die angeblich das Weltende in Form einer globalen Klimakatastrophe vorhersagen.

Nun stehe ich, von Erfurt aus, mit dem Ehepaar W. im Briefwechsel. Wirklich erfrischend! Denn sowohl die Gottgläubigen als auch die Anhänger der Wissenschaft müssen sich revidieren. Die einen, weil sich die Faktenlage erweitert, die anderen, um ihren Glauben den jeweiligen Änderungen anzupassen. Ja, die Welt und die Bibel werden immer wieder neu interpretiert! Von der Erde als Scheibe bis zum Urknall, den neuerdings auch der Herrgott verursacht haben soll. Kann ich's widerlegen? Der Schöpfer, behaupten nun die Treuesten der Bibeltreuen, habe die Evolution in Gang gesetzt. Schön, wenn er, wie mir die Waltersdorfer versichern, 13,8 Milliarden Jahre später ein Auge auf mich wirft: „Es muss ihn freuen zu sehen, wie viel Ihnen, Herr Quilitzsch, an unserem Heimatplaneten liegt."

Lieber nicht in den Himmel

„Ich fürchte, da drin wird's ein bisschen eng. Die Sauna wurde nicht für Leute deiner Größe gebaut."

Egal. Zieh ich eben den Kopf ein.

Der hölzerne Eigenbau bietet Platz für zwei Personen. L. sitzt neben mir, mit den Füßen auf dem Holzgeländer, das vor dem Ofen schützt. Ich strecke die Beine aus, um mich an der Bretterwand abzustützen. Die niedrige Decke presst mir das Kinn auf die Brust. Die Tür ist aus Glas und gibt den Blick auf eine Gruppe alter Fichten frei. L. dreht die Sanduhr um.

Schweigend schauen wir auf den Wald. Wohlige Wärme umfängt uns. L. schließt genüsslich die Augen. Auch ich versuche mich zu entspannen, soweit meine Lage es zulässt. Sonst muss man sich seinen Schweiß mit harter Arbeit verdienen, hier gibt's ihn umsonst. Nach einer Weile fragt L., woran ich gerade denke. An die drei mit kaltem Wasser gefüllten Gießkannen draußen neben der Tür. Das behalte ich aber für mich, denn in der Sauna führt man ja eher philosophische Gespräche. Ich deute auf die vorüberziehenden Nebelschwaden und sage: „An die Ewigkeit."

Ich erzähle, wie ich als Kind von der Unsterblichkeit geträumt habe. Damals wollte ich die Eltern, die Großeltern, meinen Bruder und alle mir lieben Menschen für immer um mich haben.

„Das wäre doch schrecklich", sage ich.

„Was?", fragt L.

„Wenn wir ewig leben müssten."

„Na ja", sagt L. „Wenigstens noch eine Weile."

Ich betrachte die hochstämmigen Fichten und sage: „Ich möchte nicht in den Himmel."

„Ich auch nicht", sagt L.

„Da sind sie dann alle", sage ich, „auch die, die du auf den Tod nicht ausstehen kannst."

„Oh", sagt L. mit Blick auf die Sanduhr. „Unsere Zeit ist um."

Adios, kühne Kameraden!

Hallo Udo, sind Sie's wirklich?

Im Herbst 1996 klingelte in der Kulturredaktion das Telefon. Ob jemand mit Udo Lindenberg reden wolle. Für ein Interview. Niemand wollte. Ich war bereit und wurde durchgestellt.

„Hallo?"

„Hallo!", nuschelt es zurück.

„Herr Lindenberg?"

„Ja."

„Sind Sie's wirklich?"

„Klar. Woran erkenn ich's, wollen Sie sicherlich fragen."

Ich schlucke. „Ja, woran?"

Er: „An der Stimme, vermute ich."

Ich: „Nee. Die lässt sich doch leicht nachahmen ..."

Schon sind wir mitten im Gespräch über Original und Kopie. Es gebe, beklagt der echte Udo, tatsächlich ein paar Kopisten, Epigonen, Panikmimer, die herumführen und in Klubs aufträten. Und im Radio würden kaum noch Lieder mit deutschen Texten gespielt. „Kopiertes Englisch überall!"

Udo Lindenberg war, als wir telefonierten, fünfzig. Kurze Zeit später erlebte ich ihn live in der Erfurter Thüringenhalle. Obwohl ich nur ein Bewunderer, kein eingefleischter Fan von ihm bin, kreuzten sich unsere Wege immer wieder.

Weimar 1999: Im Kulturstadtjahr malt Udo Likörelle, die er Goethe zum 250. Geburtstag schenkt. Ein skurriler Faust-Zyklus für eine Ausstellung in der Klassik-Kunstsammlung entsteht.

Schloss Neuhardenberg 2009: Udo eröffnet die Ausstellung „Grand Hotel Abgrund – Dichtung und Dichter im Hotel". Im besten Panikalter von 63 zieht der zum Gesamtkunstwerk aus Rock'n'Roll, Poesie und Coolness Gereifte einen Schweif von Autogrammjägern hinter sich her. Schiebt lässig den Hut in die Stirn und schüttelt eine Ansprache aus dem Ärmel. Er pichelt erst noch einen, ehe er in der Schinkel-Kirche ein

Konzert vor 300 Leuten gibt. Zum „Sonderzug nach Pankow“ tanzt man auf den Holzbänken.

Berlin, Januar 2010: Udo rockt im ehemaligen Staatsratsgebäude der DDR zum 65. Geburtstag des Kulturmanagers Bernd Kauffmann. Jener bedankt sich für das Ständchen mit einem Fläschchen Eierlikör.

Berlin, Februar 2010: „Hinterm Horizont geht's weiter!“ Presseempfang vor der Premiere des gleichnamigen Musicals, das die Geschichte des Mädchens aus Ostberlin erzählt. Ich sitze etwas abseits am Hintereingang, durch den Udo hereintänzelt. Er hat leicht einen in der Krone, verliert das Gleichgewicht und landet auf meinem Schoß.

Leider kein Selfie.

Der alte Mann und die Zensur

In den 1990er-Jahren, als der Aufbau-Verlag mit seinen Autoren noch rauschende Feste feierte, saß ich mal mittendrin. Es war zur Leipziger Buchmesse im stillgelegten Bayrischen Bahnhof. Die Schönreden waren verhallt, das Büffet war geplündert. Ich hockte mit einem Trupp Tanzunlustiger am Tisch. Ein paar Plätze neben mir saß ein ergrauter Mann. Er redete ununterbrochen. Ich sah seinen kleinen, runden Kopf und die verschmitzten Augen. Als das Wort „Aula“ fiel, schaute ich genauer hin und wusste plötzlich, wer da neben mir den Ton angab, noch immer. Es war der Schriftsteller Hermann Kant.

Ich hatte alle seine zu DDR-Zeiten erschienenen Bücher gelesen, doch ich war ihm nie begegnet. Am meisten wunderte ich mich, wie klein er war. War er neben Klaus Höpcke nicht mal der mächtigste Büchermann im Arbeiter-Bauern-Staat gewesen, mit engen Kontakten ins SED-Zentralkomitee? Als Vorsitzender des Schriftstellerverbands hatte Kant nach der Biermann-Ausbürgerung den Ausschluss unliebsamer Kollegen mit durchgesetzt, aber auch dafür gesorgt, dass die liebsamen reisen durften. Die einen hassten ihn, die anderen suchten seine Nähe. Jetzt hatten sie ihn verlassen.

Nach Mitternacht saß ich fast allein mit ihm am Tisch. Er redete und redete. Ich hörte „Westberlin“ und „offene Grenze“ und die Titel von Filmen, die er als junger Mensch im verbotenen Teil der Stadt gesehen hatte. Darüber hat Kant geschrieben, in seinem Roman „Die Aula“.

Ich verstehe bis heute nicht, warum dieses Buch von Marcel Reich-Ranicki so hochgelobt wurde. Doch ich halte Hermann Kants „Der Aufenthalt“ für einen der wichtigsten und ehrlichsten Romane über die Schuld der Deutschen im Zweiten Weltkrieg. Das hätte ich ihm gern gesagt. Und auch, wie enttäuscht ich von ihm bin, weil er nicht bereit war, sich seiner Verstrickung in die DDR-Diktatur zu stellen.

Doch ich tat es nicht. Ich ging, und der alte Mann, der einmal der mächtige Hermann Kant gewesen war, blieb sitzen und redete weiter. Am Ende wohl nur noch mit sich selbst.

Luther ohne Linientreue

„Hier stehe ich und kann nicht anders!“ Vermutlich hat er das beim Casting mit Überzeugung gesagt. Damals in der DDR, vorm großen Luther-Jubiläum 1983. Sonst hätte er die Rolle wohl nicht bekommen. Die man ihm sogleich wieder entzog. Denn jener Luther, den der Weimarer Schauspieler Thomas Thieme hätte spielen sollen, wäre nicht linientreu gewesen. Thieme, 33 und am Theater Halle engagiert, hatte einen

Ausreiseantrag laufen. Von dem der Lutherfilm-Regisseur Kurt Veth nichts wusste. Als man ihm die Information steckte, war es aus mit der Freundschaft.

Also gehe ich und kann nicht anders, sagte sich Thieme. Er war aufgrund des Angebots ins Wanken gekommen und hatte eine Zeit lang gedacht: Mensch, wenn du hier solche Filme drehen kannst ... Doch die Rolle war weg, und auf Vergleichbares brauchte einer, der auf dem Index stand, nicht mehr zu hoffen. Thieme ging 1984 in den Westen. Machte Karriere an allen großen deutschsprachigen Bühnen und im Film. Er spielte auch in unzähligen Filmen. Nur den großen Reformator, obgleich ihm charakterlich und gestisch sehr ähnlich, hat er nie verkörpert.

Der DDR-Luther erhielt das Gesicht von Ulrich Thein und wurde für Thein die Rolle seines Lebens, zumal der Fünfteiler auch im Westen Furore machte, wo man nichts Gleichwertiges auf die Beine bekam. Was wäre aus Thomas Thieme geworden, wenn er zu Kreuze gekrochen und geblieben wäre? „Ein bekannter und vielleicht sogar beliebter Defa- und DDR-Fernsehschauspieler vielleicht“, meint der heute 67-Jährige und wundert sich über den seltsamen Verlauf, den Karrieren manchmal so nehmen.

Finnische Lehrstunde

Als Wolf Biermann im Frühjahr 2000 die frisch gekürte europäische Kulturhauptstadt Helsinki besucht, wird er auf Schritt und Tritt von Journalisten begleitet. Schon im Taxi vom Flugplatz in die City gibt er sein erstes Interview. „Ich weiß so wenig über Finnland, dass ich gar nicht weiß, was ich sehen will. Die Trolle vielleicht, von denen habe ich meinen kleinen Söhnen immer gern erzählt." Am nächsten Tag lädt das Goethe-Institut zu einer Pressekonferenz.

„Kann man aus der Geschichte lernen?", will ein Vertreter von Radio Suomi von dem 63-Jährigen wissen.

„Ja, ein jeder, was er braucht", erwidert Biermann. „Ihr Finnen habt doch sowieso alle die russische Krankheit. Deshalb geht ihr so gerade."

Daraufhin erzählt der Reporter, dass sein Großvater in sowjetischer Gefangenschaft gewesen war und zu Hause noch viele Jahre die Angst mit am Familientisch gesessen habe. „Sehen Sie. Aber das müssen Sie anders ausdrücken. Es heißt: Mein Großvater hat an der fernöstlichen Akademie für Gesellschaftswissenschaften studiert ... Wie heißen Sie? Matti? Ah, Herr Biermann und sein Knecht Matti!"

Die Stimmung pendelt wieder ins Heitere. Ob er sich noch an seinen Helsinki-Besuch 1985 erinnert, frage ich.

„Nein. Warum?"

Ich erzähle, was ich vom Leiter des Goethe-Instituts erfahren habe, dass es damals zum Eklat gekommen ist. Es war die Ära des auf europäische Entspannung bedachten finnischen Staatspräsidenten Urho Kekkonen. Biermann hatte sich gerade mit der oppositionellen polnischen Gewerkschaftsbewegung Solidarnosc verbrüdert und General Jaruzelski mit einem Bluthund verglichen. Die Helsinkier Festivalleitung wollte Konflikte mit den sozialistischen Staaten vermeiden und präsentierte statt des DDR-Dissidenten lieber den BRD-Rockstar Udo Lindenberg.

„Ach. Habe ich damals gar nicht gemerkt. Oder vergessen." Wolf Biermann zupft sich verwundert den Schnauzer. „Gut, dass Sie daran erinnern. So wurde also in den 80ern die DDR-Kulturpolitik in Finnland vollzogen ..."

Adios, kühne Kameraden!

„You see them in old Havanna", raunt Allan Tylor, „playing cards, smoking cigares ..." Die Songs seines Albums „Hotels & Dreamers" haben mich jahrelang im Auto begleitet. Ich mochte die nostalgische Scheibe gar nicht mehr aus dem Player entfernen. Ein paar Mal saß Landolf Scherzer neben mir, und sobald der Refrain zu „Los Compañeros" einsetzte, bekam er feuchte Augen: „Once we were bold compañeros. Running guns from the Florida keys. / On the beach from Santiago to Cuba, / We were fighting ..."

„... with Fidel and Che", stimmten wir lauthals ein.

Fidel Castro und Che Guevara, die „bold compañeros" – wie soll man das übersetzen: kühne, mutige, verwegene Kameraden? Kuba war schon immer unser Traum gewesen. Ein Ort, an dem das Feuer der Revolution noch glüht. Wo die Jugendhelden nicht altern und die Hoffnung als Allerletzte stirbt. Als mich Landolf fragte, welches literarische Projekt er als nächstes anpacken solle, war Kuba eine Option. Nach dem Porträtband „Der Rote" über Thüringens ersten Linke-Ministerpräsidenten vielleicht ein Reportagebuch über die letzte, bereits heftig bröckelnde Bastion des Kommunismus?

Ich sagte: „Du musst nach Kuba. Zu Fidel. Aber beeile dich!" Dabei dachte ich weniger an den 90-jährigen, sterbenskranken Diktator. Ich fand, dass man mit 75 solche Reisen nicht auf die lange Bank schieben sollte. Dann ging alles sehr schnell, viel schneller als gedacht. Scherzer landete in Havanna. Und am nächsten Abend war Fidel Castro tot.

Was für ein Einstieg in die Reportage, dachte ich. Der Reporter erlebt Kuba im Ausnahmezustand, ein ganzes Volk in Trauer. Klar, nur wenige Meilen nordwärts, in Florida, jubeln sie. Die vor dem Regime geflohenen kubanischen Emigranten tanzen vor Freude.

Wie oft haben wir uns gefragt, ob es den „Revolutionär reinen Herzens“ überhaupt gibt. Stalin, Mao Zedong und Pol Pot haben Millionen Menschen auf dem Gewissen. Lenin ließ die Zarenfamilie ermorden und zahlreiche Gegner der Bolschewiki liquidieren. Nur beim vietnamesischen Führer Ho Chi Minh finden wir keine Verbrechen am eigenen Volk.

Und Fidel?

Fidel Castro hat mit den Compañeros den verhassten Diktator Batista gestürzt. Er verjagte die US-Invasoren aus der Schweinebucht. Und unterlag den Mühen der Ebene. Che stahl sich fort in die Bolivianischen Berge. Fortan regierte Fidel im sozialistischen Kuba mit proletarischer Faust.

„Once we were bold compañeros ...“

Weshalb ein Clown keinen Klon braucht

Maren Ades für den Oscar nominierte Tragikomödie „Toni Erdmann“ soll neu verfilmt werden. Die männliche Hauptrolle werde der US-Filmstar Jack Nicholson (79) übernehmen, Ghostbuster-Star Kristen Wiig (43) die der Tochter. So tönt es aus Hollywood. Immerhin: Maren Ade sei als geschäftsführende Produzentin mit im Boot, heißt es. Aber wozu ein Remake, wenn der Film noch kein Jahr alt, in Europa bereits mit Preisen überschüttet und in den USA gerade erst angelaufen ist?

Das Klonen von erfolgreichen Filmen hat in Hollywood Tradition. Oder sollte man sagen: das Amerikanisieren? Es gab mal einen Oscar-Kandidaten aus der DDR, den einzigen überhaupt, den DEFA-Film „Jakob der Lügner“. Frank Bayer hatte 1974 den gleichnamigen Roman von Jurek Becker für die Leinwand adaptiert. Einen Oscar gab's zwar nicht, doch im

Einwanderungsland USA hatte man das Potenzial der Story erkannt: Ein Jude spendet anderen Juden im Ghetto Hoffnung. Jakob behauptet, ein Radio zu besitzen, und erfindet positive Nachrichten. Am Ende kommen ihm die Deutschen auf die Schliche.

Neben Vlastimil Brodský wirkten auch Erwin Geschonneck, Henry Hübchen und Armin Mueller-Stahl mit. 1999 verfilmen die USA den Stoff neu, mit Robin Williams in der Hauptrolle. Mueller-Stahl ist wieder dabei. Doch bezeichnenderweise wurde das Ende verändert: Der Protagonist wählt nicht den Freitod, sondern stirbt als Märtyrer. Er wird von den Nazis erschossen.

Und noch ein Hollywood-Remake: Steven Soderbergs „Solaris"-Version aus dem Jahre 2002 blieb Lichtjahre hinter dem Original von Andrej Tarkowski zurück. Der hatte 1972 den Science-Fiction-Roman von Stanislaw Lem in ein Filmkunstwerk verwandelt. Soderberg hat alle philosophischen Gedanken getilgt, übrig blieb eine verkitschte Liebesgeschichte.

Natürlich kann ich mir Jack Nicholson, den McMurphy in „Einer flog über das Kuckucksnest", gut als clownesken Toni Erdmann vorstellen. Doch Peter Simonischek spielt die Rolle des Vaters, der all seine schrägen Künste aufbietet, um die zur Managerin erstarrte Tochter, gespielt von der aus Thüringen stammenden Sandra Hüller, ins Leben zurückzuholen, überragend. Er braucht keinen Klon.

Begegnung mit dem Todesengel

Ahnungslos radle ich den Langen Graben hinauf, biege links in den Pfortenweg ein und bemerke vor einem Haus eine Menschenmenge. Nanu, denke ich, als ich die auf eine Lafette montierte Filmkamera entdecke, hier wird doch wohl nicht Volker Schlöndorff drehen? Da sitzt er auch schon am Straßenrand auf seinem Klappstuhl.

Der Regisseur trägt Windjacke und ein schwarzes Basecap. Um ihn herum das Filmteam und etliche Anwohner als Zaungäste. Es kommt schließlich nicht alle Tage vor, dass sich ein Oscar-Preisträger nach Erfurt verirrt. Ja, sie drehen den Krimi „Der namenlose Tag“, sagt Schlöndorffs Assistent. Ja, der Hauptdarsteller, Herr Thieme, komme auch gleich.

Minuten später fährt ein schwarzer Minibus vor. Thomas Thieme steigt aus und ist baff, als er mich am Drehort in voller Fahrradmontur erblickt. Gestern erst hatte ich ihn an der Strippe, und wir plauderten über die Dreharbeiten am Erfurter Fischmarkt. Dass sie heute an dieser Stelle aufkreuzen würden, wusste er da selbst noch nicht.

„Welche Szene?“, frage ich.

„Ich bin der Todesengel“, sagt Thieme, „der Überbringer trauriger Nachrichten.“

Sein Kommissar Jakob Franck wird von den Kollegen vorgeschickt, um die Verwandten des Mordopfers zu informieren.

„Und was machen Sie hier?“, fragt mich Thieme.

„Ich will zur Arbeit.“

„Mit dem Fahrrad?“

„Klar, bei schönem Wetter fahr ich immer mit dem Rad.“

„Haben Sie einen Moment“, sagt Thieme. „Dann mache ich Sie mal mit Herrn Schlöndorff bekannt.“

Der Regisseur staunt, als er hört, dass wir seit Jahren miteinander telefonieren und gerade unser 187. Interview in der Thüringischen Landeszeitung erschienen ist. Reif fürs Guinnessbuch der Rekorde, meint Schlöndorff.

Dann ist Action. Klappe Todesengel, die erste ... Mehrmals trabt Thieme mit Lederjacke und Aktentasche im Vorgarten die Treppe hinauf, klingelt an der Haustür und wird nach kurzem Zögern von einem schreckensbleichen Mann eingelassen. Zum Schluss schwenkt die Kamera auf die Straße, um Jacob Francks Abgang zu filmen. „Statisten los!“, ruft der Assistent, und ein paar Fußgänger setzen sich mit in Bewegung. Schlöndorffs Blick fällt auf mich: „Steigen Sie auf, fahren Sie an ihm vorbei, aber grüßen Sie ihn nicht.“

Fünf Mal strample ich vor laufender Kamera den Berg hinauf. Dann darf Thieme verschnaufen.

Mein Name ist Günter Netzer ...

Ich steige in den ICE nach München, suche meinen Platz und greife zum Handy: „Herr Thieme, wo sind Sie?“ Er sitzt im ersten, ich im letzten Waggon. Wir treffen uns auf einen Kaffee im Bordrestaurant. Thomas Thieme trägt noch seinen weißstoppeligen Kommissar-Franck-Bart aus dem Schlöndorff-Film, dazu ein Basecap mit der Aufschrift „Only Lyon“. Selten habe ich den Schauspieler so locker, so aufgekratzt erlebt. Nicht mal bei der Premiere des Doku-Dramas über Uli Hoeneß vor zwei Jahren, die ebenfalls in München stattfand.

Unsere Reise hat mit dem Hoeneß-Film zu tun, wie mit so vielen anderen Fernseh-, Kino- und Theaterrollen auch, die Thieme in den letzten Jahren gespielt hat und über die wir gesprochen haben. Im Herbst wird er 70, und wir wollen, wie schon vor zehn Jahren, unsere Interviews wieder in einem Buch dokumentieren. Es fehlt nur noch das „Nachspiel“: ein Gespräch über Faust und Fußball – mit der Spielmacherlegende Günter Netzer.

Würde er mitmachen? Bange Wochen des Wartens liegen hinter uns. Irgendwann klingelte mein Handy: „Guten Tag, mein Name ist Günter Netzer...“ Wir könnten uns in München treffen, schlug der Fußballstar vor, auf halbem Wege zwischen Zürich und Weimar. Im Hotel „Vier Jahreszeiten".

Dort sitzen wir jetzt in der Lounge, gut bewacht, denn nebenan tagt die UN-Sicherheitskonferenz. Günter Netzer, 73, ganz in Schwarz gekleidet, die glatten Haare halblang, schickt voraus: Er rede nur über Dinge, von denen er etwas verstehe. Damit sei er immer gut gefahren. Kein Problem. Thomas Thieme wird über Theater sprechen, Günter Netzer über Fußball.

Er schaut mich an: „Nehmen Sie auf?"

Ich nicke. Und zögere noch. Musik säuselt aus Lautsprechern. Die wird abgeschaltet. Aber der Barkeeper kehrt noch mal zurück. „Wie lange brauchen Sie?" Zwei, drei Stunden. Bedauerndes Kopfschütteln. In einer halben Stunde erscheine der Pianist, um in der Bar zu spielen. „Kommen Sie, ich führe Sie nach hinten, da haben Sie Ruhe."

Wir folgen dem Mann in den vermeintlich stilleren Winkel. Eine Sitzecke mit Flachtisch, dahinter viele Türen. Ruhe? Wir sitzen wie auf dem Präsentierteller. Thieme und Netzer legen ohne Aufwärmung los und reden sich in einen Rausch, während hinter ihnen die Türen klappen. Putzfrau rein, Putzfrau raus. Hotelangestellte rollen Gepäckstücke und Servierwagen vorbei. Smartphones klingeln. Und rechterhand, oh je, das sehe ich erst jetzt, sind die Toiletten! Exzellenzen nahen mit Bodyguard, um sich zu erleichtern.

Das Diktiergerät auf den Tisch nimmt alles auf. Am Ende habe ich das aufregendste Interview meines Lebens.

Mehr als Weimar liebt sie die Liebe

„So 'ne kleine Frau und so 'ne große Lust." Spontan schießt mir, als ich Hilda sehe, ein Song von Tamara Danz in den

Kopf. Da habe ich noch kein einziges Wort mit ihr gewechselt. Ihre schwarzen Augen funkeln, während sie über den menschenleeren Weimarer Marktplatz ruft: „Ich liebe Weimar! Ich liebe Kuba! Ich liebe die Liebe!"

Hilda González ist trotz ihrer 75 Jahre eine leidenschaftliche und sehr temperamentvolle Frau. Vor anderthalb Jahren hat sie in Havanna für Landolf Scherzer gedolmetscht, und der bedankte sich, indem er sie zur Buchpremiere „Buenos Días, Kuba" nach Thüringen einlud. Sie sei mehr als 30 Jahre nicht mehr in der Klassikstadt gewesen, sagt Hilda. Dabei liebe sie Goethe und Schiller.

Das Wort Liebe rangiert ganz vorn in ihrem deutschen Wortschatz. Sie hat Heinrich Brückners Aufklärungsbücher „Denkst du schon an Liebe?" und „Vater, Mutter, Kind" ins Spanische übersetzt und für eine kubanische Neuherausgabe des DDR-Klassikers „Mann und Frau intim" von Siegfried Schnabl gesorgt. „Erstmals waren da auch die Zeichnungen mit drin. Das Kapitel zur Homosexualität wurde noch zensiert. Aufklärung war doch in den meisten katholisch geprägten kubanischen Familien ein Tabu."

Schnabl, denke ich und sehe mich als Teenager die mit gestrichelten Linien angedeuteten Liebesstellungen betrachten. Manche waren so atemberaubend, dass ich sie mir im Schlafzimmer meiner Eltern nicht vorstellen wollte. Richtig aufgeklärt wurde bei uns übrigens auch nicht.

Hilda erzählt, wie sie als Mädchen bei der ersten Menstruation in Panik geriet. „Ich dachte, ich hätte Krebs." Bestimmt hat Hildas Schnabl-Übersetzung vielen Kubanerinnen diese Angst genommen. Das Buch wurde auf der Insel zum Bestseller.

Und die Liebe? Die im Herzen jung Gebliebene seufzt. „Mit 18", erzählt sie, habe sie sich in einen Matrosen von der „MS Leipzig" verliebt. Doch mehr als Küssen und Händchenhalten ging nicht. Kein Geschlechtsverkehr vor der Ehe! Sie war dann zwei Mal verheiratet, arbeitete als Sexualerzieherin und kämpft auch heute noch für die Gleichberechtigung der kubanischen Frauen. „Kuba“, erklärt Hilda mit funkelnden Augen, „ist noch immer eine Macho-Gesellschaft.“

So 'ne kleine Frau und so 'ne große Kampfeslust!

Was soll ich mit dem Akkordeon?

Die Liedermacherin Barbara Thalheim schreibt aus Paris, dass sie wieder allein durch das Land ihrer Träume reise und in Montargis im Loiret auf das Fahrrad von Deng Xiaoping gestoßen sei. Zunächst jedoch auf eine Skulptur, die einen Chinesen zeigt.

Wie kommt der Chinese in die hundert Kilometer südlich von Paris gelegene Kleinstadt? Die Leute, die sie auf der Straße fragt, wissen es nicht. Aufklärung gibt schließlich eine französische Asiatin: Zwischen 1902 und 1927 kamen etwa 4000 junge Chinesen nach Frankreich, Arbeiter, Studenten und Intellektuelle, darunter die späteren Spitzenpolitiker Zhou Enlai und Deng Xiaoping. Montargis gilt heute als die Wiege der Kommunistischen Partei Chinas, und ein kleines Museum zeigt Dengs alten Drahtesel als Touristenattraktion.

Und was zieht die Thalheim immer wieder nach Frankreich?

Vor 26 Jahren floh sie aus ihrem Lebenslauf und brachte aus Paris den Akkordeonisten Jean Pacalet nach Deutschland mit. Gemeinsam entstand das Album „Fremdgehen – Lieder und Geschichten vom Weggehen und Wiederkommen“, die Abnabelung einer „in die DDR Hineingeborenen“, wie es auf dem Cover heißt. Wovon nabelt sich die Sängerin diesmal ab?

„Für mich entzaubert sich Frankreich gerade“, schreibt Barbara Thalheim. „Aber stell Dir vor: Am letzten Tag im

Loiret klopfte es und es stand ein etwa 50-jähriger Mann mit Akkordeon vor der Tür."

Wie sich herausstellt, hat der Fremde vor Jahren Meisterkurse bei Jean Pacalet absolviert. Nun spielt er der verdutzten Freundin zwei Stücke von ihm vor. „Der Mann hat drei Kinder und in der Nähe eine Holzschredder-Firma, macht also Brennholz. Dann kommt er nach Hause, isst zu Abend und übt zwei, drei Stunden Akkordeon. Ich sage: Ist Ihre Frau da nicht ein wenig eifersüchtig? Er: Wieso? Sie hat mich mit meiner Passion, dem Akkordeon, geheiratet. Das Wort Eifersucht kenne sie gar nicht, sagt er ... Ach, ich liebe solche Typen!"

Und ich liebe solche Briefe. Ich habe Jean Pacalet mehrmals mit der Thalheim im Konzert erlebt, zuletzt, kurz vor seinem Tod, in Weimar. Statt der langen, wilden Mähne trug er eine Wollmütze, um seinen Kahlkopf zu bedecken. Doch Pacalet spielte wie ein junger Gott. Am 7. Juli 2011 verlor er den Kampf gegen den Krebs.

„Die Fremde ist allgegenwärtig und irgendwie muss man sie aushalten, als Chance und Bedrohung", schreibt Barbara Thalheim. Ich freue mich auf ihre nächste CD.

Die Abenteuer des Hans Lucke

Ich lese in den noch ungedruckten Memoiren des 2017 verstorbenen Schauspielers Hans Lucke, der die letzten Jahre in Weimar verbrachte. Er hatte seine große Zeit am Deutschen Theater Berlin, als berühmte Regisseure wie Wolfgang Langhoff, Adolf Dresen und Benno Besson dort inszenierten. Lucke, der nach Engagements in Görlitz, Zittau und Dresden Anfang der 60er-Jahre im Hauptstadt-Theater anlandete, spielte in Schillers „Wilhelm Tell“ den Eidgenossen Stauffacher und geriet gleich in die Schlagzeilen. „Langhoff sah im Stauffacher die entscheidende Figur des Stückes, den Führer des Aufstands, neben dem der Tell zunächst nur ein eigenbrötlerischer Geselle ist“, erinnert sich der Schauspieler. Inge Keller und Herwarth Grosse hätten ihm geholfen, die Rolle zu meistern. Letzterer, ein Gentleman mit Berliner Schnauze, habe ihm erklärt: „Der Langhoff ist ’n juter Reijisseur, bloß mit Schauspielern kann er nicht umjehn. Der meint folgendes ...“

Memoiren? Nein, das sind Anekdoten aus dem prallen Theaterleben, die man der Öffentlichkeit nicht vorenthalten sollte. Am Deutschen Theater wurden damals Peter Hacks „Die Sorgen und die Macht“, Goethes „Faust“, Molières „Tartuffe“ und das Parabelstück „Der Drache“ von Jewgeni Schwarz aufgeführt, direkt unter den Augen einer Staatsmacht, die irritiert wegschaute oder vor Wut schäumte. Die humorvollen Aufzeichnungen handeln von der Macht und Ohnmacht des DDR-Theaters und einiger seiner prominentesten Akteure. Mit seiner Nebenrolle im „Tell“ hat Lucke unfreiwillig deutsch-deutsche Bühnengeschichte geschrieben. Als er 1962 damit bei Langhoff debütierte, saß ein junger Kritiker namens Dieter Hildebrandt im Zuschauerraum des Deutschen Theaters und urteilte in der Frankfurter Allgemeinen Zeitung: „Den besten Darsteller, Hans Lucke, läßt er (Langhoff) nicht den Tell, sondern den Stauffacher spielen, mit einer großen, überlegenen Ruhe, mit einer verhaltenen Leidenschaftlichkeit und mit der vitalen Besonnenheit dessen, der das große Ziel der gemeinsamen Erhebung vor Augen hat.“

Liebe Bücherdiebe, meldet euch!

Langfinger in unserer gut bewachten Landesvertretung in Berlin? Wir haben den Vorgang nicht zur Anzeige gebracht. Schließlich handelt es sich um eine bibliophile Form von Mundraub. Der Eintritt zur Lesung in der Reihe „Literaturland Thüringen unterwegs" war umsonst, der Wein und die Brezeln waren umsonst – wieso sollen Bücher von Thüringer Autoren da was kosten?

Liebe Bücherdiebe! Erstmal herzlichen Dank dafür, dass ihr uns lesen wollt. Sonst hättet ihr die zum Kauf angebotenen Werke ja wohl nicht heimlich mitgehen lassen: zweimal Landolf Scherzers Reportage „Der Rote" und einmal mein China-Buch „Auf der Suche nach Wang Wei". Ihr könnt ja nicht wissen, wie viele Jahre ein Schriftsteller an so einem Manuskript gearbeitet hat. Wie viel Ausdauer und Kraft nötig sind, um den Stoff zu bändigen und Zweifel niederzuringen. Und dass wir Weltenbummler, als die man uns im Thüringer Hort auf preußischem Grund begrüßte, auf eigene Kosten nach Griechenland, Kuba, Vietnam und China reisen, um dort zu recherchieren.

Vielleicht aber habt ihr auch nur aus Frust nach den Lesefrüchten gegriffen, weil ich Thüringer Rostbratwürste versprochen hatte, die es dann nicht gab. Stattdessen bayerische Brezeln ... Ein patriotisches Malheur, für das ich mich im Namen unserer Landesvertretung in aller Form entschuldige. Und bei dieser Gelegenheit will ich gleich noch etwas gestehen: Auch ich habe schon mal ein Buch geklaut, auf der Frankfurter Buchmesse eine sehr umfängliche Kafka-Biografie, mit der ich mich bei einer Freundin einschmeicheln wollte. Bereue ich meine Untat? Nein! Umso leichter fällt es mir, euch zu verzeihen. Nur werde ich künftig meine Bücher schon vor der Lesung signieren. Und nicht mehr vorn, sondern hinten. Statt „Mit besten Wüschen" werde ich schreiben: „Falls gestohlen, bitte nach der Lektüre an den Autor zurück oder an einen anderen Leser weitergeben!"

„Drehen Sie wenn möglich um!"

Kurz vor der Abfahrt schickt mir Tom-Tom eine Warnung: „Sie können Karten und Dienste nicht mehr erneuern!" Na und? Das habe ich nie getan. Mein Navi sei zu alt, um noch „upgedatet" zu werden, behauptet Tom-Tom. Schon klar, ich soll ein neues kaufen, denke ich, als ich vom Hof rolle. Ein bisschen mulmig ist mir schon, denn ich hole den Schauspieler Thomas Thieme ab, um mit ihm zur Lesung nach Greiz zu fahren.

Als wir das letzte Mal zusammen in Ostthüringen waren, hatte uns das Navi erst auf einen Feldweg geleitet und dann, als wir wieder Asphalt unter die Räder bekamen und auf einer neuen Schnellstraße dahinbrausten, unberührte Natur angezeigt. Wir waren damals eine dreiviertel Stunde später ans Ziel gelangt, als geplant. Damit so etwas nicht wieder passiert, habe ich mir die Route diesmal eingeprägt. Um nicht völlig auf die Satellitenunterstützung zu verzichten, platziere ich das Navi unauffällig neben mir in der CD-Ablage. Thieme entdeckt es sofort und fragt misstrauisch. „Ist das etwa noch dasselbe wie vor neun Jahren?"

Auf der A4 und A9 läuft unsere Unterhaltung wie geschmiert. Ich werfe einen unauffälligen Blick auf das Display. Eins Komma acht Kilometer bis zum Kreisverkehr. „Fahren Sie geradeaus über den Kreisverkehr, zweite Ausfahrt", schnarrt leise die Stimme. Thieme überhört sie. Er schwärmt von vergangenen grandiosen Fußballzeiten, vom Wembley-Tor, das es mit Videobeweis nie gegeben hätte, und erregt sich über die alle Emotionen abtötenden Schiedsrichter-Assistenten im Keller. Das sollten wir bei unserer nächsten Veranstaltung mit der Trainerlegende Hans Meyer diskutieren.

„Unbedingt“, erwidere ich.

„Worum geht's denn beim Fußball“, sagt er, „um Gerechtigkeit? Ich dachte bisher immer, Fußball sei ein Kampfsport.“

„Irgendwann“, pflichte ich ihm bei, „bekommen die Spieler Chips implantiert und werden von Drohnen überwacht. Eine KI wird jedes Foul registrieren, jede falsche Handbewegung ahnden und so viele gelbe und rote Karten verteilen, bis keiner mehr auf dem Platz steht.“

Er frage sich, ob in Zukunft überhaupt noch Fußball gespielt werde, poltert Thieme.

„Oder Theater“, sage ich.

Wir sind so erregt, dass ich die leise Stimme überhöre.

„Oh. Ich glaube, wir hätten rechts abbiegen müssen. Hier geht's nicht nach Greiz. Hier geht's nach Gera.“

„So. Glauben Sie. Was sagt denn Ihr Navi?“

„Drehen Sie wenn möglich um!“

Der böse Bube

Er soll während einer Sitzung mit seinem Handy gespielt und die Kanzlerin „Merkelchen“ genannt haben. Das ist so ungeheuerlich, dass sich nun sogar die ZEIT damit befasst. Die Hamburger Wochenzeitung hat unseren spielsüchtigen Ministerpräsidenten zum Telefonverhör einbestellt, obwohl doch eigentlich die BILD-Zeitung für schlechtes Benehmen zuständig ist. Und Bodo Ramelow hat sich bockig zu seinen Unarten bekannt.

Ja, was machen wir denn jetzt mit ihm? Ist ein Landesfürst, der so schlimme Dinge tut, überhaupt noch tragbar? Man stelle sich vor, wir würden alle, nur weil uns langweilig ist, mit unserem

Smartphone spielen. Wir schauen natürlich nur im Notfall drauf. Oder wenn es klingelt. Oder bing! macht. Hin und wieder schauen wir auch mal drauf, wenn es nichts macht, es könnte ja sein, wir haben ein Klingeln oder ein Bing überhört.

Bing, bing, bing!

Nun zu der Beleidigung. Merkelchen hört sich zwar süß an, könnte aber leicht missverstanden werden. Aber spielt Ferkelchen, Pardon, Frau Dr. Merkel nicht auch dauernd mit ihrem Handy? Man sieht es immer wieder im Bundestag! Ich schlage vor, dass alle Abgeordneten künftig ihr Smartphone am Saaleingang abgeben. In manchen Schulen ist das schon die Regel. Trotzdem finde ich „Merkelchen" weniger schlimm als „mein Mädchen". So hat Bundeskanzler Kohl seine junge Umweltministerin Angela Merkel genannt, und Genscherle, Blümle und Weigele sind nicht dagegen eingeschritten. Im Übrigen spricht Udo Lindenberg im „Sonderzug nach Pankow" Erich Honecker mit „Honey" an. Naja, die haben halt alle nichts mit Knigge am Hut.

Der rollende Bob Dylan

Wir hatten in der Redaktion hin und her überlegt, wie wir mit dem Fotografierverbot umgehen sollen. Es gilt auf Bob-Dylan-Konzerten seit mehr als 25 Jahren. Einige Zeitungen haben deswegen schon die Auftritte boykottiert. Doch steht die Folklegende, die kürzlich mit dem Nobelpreis für Literatur geehrt worden ist, mit dieser Marotte ja nicht alleine da. Auch Sting, Justin Bieber, Neil Young, Adele und noch einige andere sollen Fotografen den Zugang zu ihren Konzerten verwehrt haben. Was also tun? Vom Konzert berichten, aber an der Stelle des Fotos die Zeitung weiß lassen?

„Nein“, sagte ich, „so geht man nicht mit einem Nobelpreisträger um. Wir schicken unseren Karikaturisten.“

Ich wusste, dass Nel die Fähigkeit besitzt, Dylan so abzubilden, dass er auf der Zeichnung lebendiger wirkt als auf jedem Foto. Doch ich hatte keine Ahnung, wie er es anstellen würde. Im Konzert saß ich neben ihm, etwa in der Mitte des Saales, schätzungsweise dreißig Meter von der Bühne entfernt. Nel hatte nichts dabei, nicht mal seinen Skizzenblock.

„Zeichnest du keine Studien?“, fragte ich.

Er schüttelte den Kopf. Er habe sich die wenigen aktuellen Porträts, die es von Bob Dylan im Netz gibt, eingeprägt, erzählte er. Nun wolle er sehen, wie sich die Diva auf der Bühne bewegt.

Oh, dachte ich. Dylan bewegt sich gar nicht.

Der 78-Jährige hatte sich hinterm Flügel verschanzt, so dass man nur seinen schwarzen Hut, sein weißes Gesicht und die grauen Locken sah. Hätte ich nicht wenigstens ein Opernglas für Nel einstecken sollen? Ich war froh, dass er überhaupt mitgekommen war. Denn er ist schüchtern und meidet Massenaufläufe. Es war sein erstes großes Rockkonzert, das er live erlebte, und dann so eins. Bob Dylan spielte und skandierte mehr, als dass er sang. Anderthalb Stunden lang, ohne ein einziges Mal aufzustehen.

„Sitzt der schon immer am Flügel?“, wollte Nel wissen.

„Nein, als er jünger war, stand er mit der Gitarre auf der Bühne.“

„Dann ist der Flügel wohl sein Altersinstrument?“

Ich nickte.

„Hat der Flügel Räder?“, fragte Nel weiter.

Ich dachte kurz nach und nickte abermals.

Am nächsten Morgen setzte ich mich an den Computer und schrieb meine Konzertkritik. Dabei schaute ich immer wieder ins Postfach, ob Nels Zeichnung schon da war. Sie kam Punkt zwölf. Als ich die Datei öffnete, warf es mich fast um. Die

Karikatur zeigte Bob Dylan als vitalen alten Mann, der sich beim Spielen würdevoll auf sein Klavier stützt. Das Klavier ist zugleich sein Rollator.

„Einmal bleiben meine Schuhe leer ..."

Ich dränge mich nicht danach, doch meist bleibt diese Aufgabe an mir hängen. Vielleicht, weil ich schon so lange dabei bin, etliche Künstler persönlich kennengelernt, auf der Bühne erlebt und interviewt habe: Tamara Danz, Manfred Krug, Eva und Erwin Strittmatter, Bruno Ganz, Rolf Hoppe, Rolf Hochhuth, um nur einige zu nennen. Ein Nachruf ist die letzte Ehre, die man als Journalist einem großen Zeitgenossen erweisen kann. Den zieht man, selbst wenn es schnell, meist viel zu schnell gehen muss, nicht aus der Schublade. Nie könnte ich vor der Zeit mit einem Martin Walser, einer Bettina Wegner oder einem Hannes Wader abschließen! Todesnachrichten treffen mich immer unvorbereitet. So war es auch vor 20 Jahren, als Gundermann starb.

Es war an meinem Geburtstag. Ich hatte Himbeertorte und Sekt dabei und wollte mit den Kollegen anstoßen, als die Meldung aus dem Ticker kam: Der Liedermacher Gerhard Gundermann ist tot. Er wurde nur 43 Jahre alt.

Ich war wie gelähmt, während mir Verse von ihm im Kopf herum gingen: „Einmal bleiben morgens meine Schuhe leer / Einmal hilft mir auch dein Fliedertee nicht mehr / Einmal fall ich in den schwarzen Trichter rein / Einmal lass ich dich allein". Solche Ahnungen gab es in seinen Liedern zuhauf. Gundermann sang vom Sensenmann und vom allerletzten Schuss. Todessehnsucht? Nein. Als Dichter wusste er um die Endlichkeit und beschwor uns, die Zeit zu nutzen.

Er hatte als Baggerfahrer, Rockpoet und Familienvater stets am Limit gelebt. Aus tagtäglicher Überforderung bezog er seine poetische Kraft. Gundermann hat das Gras wachsen hören, er spürte, was uns bewegt und bedrückt, und wusste immer, wo die Reißleine hängt. Er hat außergewöhnliche Bilder und herzzerreißende Melodien gefunden, weil er selber innerlich zerrissen war. Er wollte Offizier werden und wurde gefeuert. Er hat die Partei kritisiert und wurde ausgeschlossen. Er ließ sich mit der Stasi ein und wurde selbst bespitzelt. Sein kurzes intensives Leben ist ein ostdeutsches Drama, das nach Verfilmung schreit. Andreas Dresen hat diesen Film soeben abgedreht. Zum 20. Todestag des Rockpoeten kommt „Gundermann" ins Kino.

Feldherr mit grüner Krawatte

Keinem Dramatiker bin ich so oft begegnet wie Rolf Hochhuth. Ich bewundere ihn besonders für sein Stück „Der Stellvertreter", in dem er das katholische Oberhaupt und den Vatikan anklagt, zum Holocaust geschwiegen und Nazikriegsverbrechern zur Flucht verholfen zu haben. Bei Lesungen erschien der unbestechliche Chronist gern in Feldherrenpose mit grüner Krawatte und locker über den Schultern hängendem Jackett. Ich habe ihn mehrfach interviewen dürfen, zuletzt am Telefon zu seinem 85. Geburtstag, am ausführlichsten zu „Wessis in Weimar".

Die „Szenen aus einem besetzten Land" wurden 1993 am Berliner Ensemble von Einar Schleef uraufgeführt. Als Hochhuth erfuhr, dass seine Dialoge von nackt in Militärmänteln gehüllten Wutbürgern skandiert wurden, wollte er die Aufführung verbieten. Vergeblich. Daraufhin streifte er sich selbst das Regiemäntelchen über und brachte sein Stück in Meiningen auf die Bühne. Ein politisches Ereignis, doch künstlerisch eine Peinlichkeit.

Ich meldete mich zum Probenbesuch an und musste erleben, wie sich die Schauspieler gegen seine Regieanweisungen sträubten. Zwei Männer sollten als ostdeutsche Bauern, die von der Treuhand in den Suizid getrieben worden waren, mit der Schlinge um den Hals durch ein Pappfenster springen. Sie weigerten sich. Hochhuth trat mehrmals an den Bühnenrand und blickte zum Zuschauerrang hinauf, wo ich im Schutze der Dunkelheit saß, als wollte er sich vergewissern, dass ich noch da war. Vielleicht hoffte er auf meinen Beistand. Die Proben gingen so weiter, doch ich schlich mich hinaus.

In Kassel traf ich ihn wieder, als er mit Intendant Christoph Nix über die Uraufführung eines neuen Stücks verhandelte. Am Abend platzierte Nix uns bei der „Hamlet"-Premiere nebeneinander. Was wir sahen, war reinstes Anti-Hochhuth-Theater. Armin Petras, ein wilder Vertreter der Trash-Kultur, ließ es ordentlich krachen. Rolf Hochhuth nahm alles regungslos hin, und ich erwartete, dass er mit geballter Empörung auf diese Shakespeare-Zertrümmerung reagieren würde. Doch in der Pause lehnte er sich zurück und erklärte mir gelassen, dass so etwas im Theater seine Berechtigung habe.

Auch Überraschungen gehörten zu seinen Stärken.

Die schwarze Wolke

Wie bitte? Rainald Grebe hat seine Autobiografie geschrieben? Groß und schwarz liegt sie vor mir: „Rheinland Grapefruit. Mein Leben". Das Coverfoto zeigt ihn mit dem Gartenschlauch. Es sprudelt. Grebe eben.

Doch Bilanz mit 50, ist das nicht zu früh? Es ist ein Wettlauf mit der Zeit. Ein Kampf gegen die Autoimmunkrankheit. Schlaganfälle, Wortfindungsstörungen, Konzertabbrüche, Charité. In der Reha sammelt Grebe seine Erinnerungen. Notiert den Tagesablauf und resümiert sein Leben. Therapie und Roadmovie. Manchmal, lese ich, komme so eine „schwarze Wolke", die verneble alles. „Im Oberstübchen Stromausfall."

Seit Jahren hat mich kein Buch so gefesselt und erschüttert wie dieses. Ich kenne Rainald Grebe als Puppen-, Schau- und Klavierspieler. Dann beliebtester Liederkabarettist deutscher Zunge. Der Weg dahin steinig. 2000 heuerte er am Theaterhaus Jena an. In Ödön von Horváths „Kasimir und Karoline" fiel er mir auf. Als Dramaturg brachte er Palahniuks „Fight Club" auf die Bühne. „Die beiden Käseblätter, OTZ und TA, einhellig dafür", schreibt er, „die TLZ dagegen." Der Verriss stammte von mir. Als Entertainer startete er später durch. Erklomm mit dem Thüringenlied den heimischen Olymp. Ich mag seinen lockeren Umgang mit ernsten Themen. Ein Tausendsassa, der seine Berufung gefunden hat. Die er nun zu verlieren droht?

Grebe steckt voller Pläne. Ob er sich da nicht übernehme, fragt die Reha-Ärztin. „Was soll ich denn machen, wenn mein Hirn sprudelt, ich bin froh, dass es noch sprudelt." So nah am Glück, so nah an der Endlichkeit. Traurig und heiter zugleich. Grebeleben eben.

Bitte bleiben Sie ungezupft!

Grüß Gott, sehr geehrter Herr Dr. Waigel! So grüßt man doch in Bayern, nicht wahr? Ich war erstaunt, nein, ich war baff und zugleich erfreut, als vor Tagen Ihr Brief bei mir eintraf. Ich schaute mehrmals auf den Absender: Dr. Theo

Waigel, Bundesminister a.D. stand da schön schnörkelig gedruckt.

Beim Öffnen des Kuverts hat mir, ich gebe es zu, ein klein wenig die Hand gezittert. Man bekommt schließlich nicht alle Tage Post von honorigen Leuten. Sie hätten, schreiben Sie, „mit Vergnügen“ mein Interview mit Thomas Thieme im Internet gelesen. Einzig dass Ihnen der Schauspieler und Bismarck-Darsteller darin unterstellt, Ihre Augenbrauen zu färben, müssten Sie mit „dem Ton der Entrüstung“ zurückweisen und ihm „den Gegenbeweis“ übersenden. Nun, ich habe den beiliegenden verschlossenen Umschlag sofort an Herrn Thieme weitergeleitet und ihm beim Öffnen sekundiert.

Ehrlich gesagt, wir rechneten mit einem Härchen aus ihrer linken, Pardon, rechten Braue für eine Laboranalyse. Stattdessen lag darin dieser von Ihnen als „Beweisfoto“ bezeichnete Schnappschuss, entstanden vor wenigen Wochen auf einer Alm, samt ehrenwörtlicher Versicherung: „An diesen Augenbrauen hat sich noch niemand zu schaffen gemacht, sie sind weder gezupft noch gekürzt und schon gar nicht gefärbt.“ Ein bekannter Karikaturist habe Ihnen einmal bestätigt, dass Sie karikierbar seien, weil Sie ein Gesicht besitzen. Dazu trügen die Augenbrauen maßgeblich bei.

Thomas Thieme und ich sind Ihnen, teuerster Dr. Theodor Waigel, dankbar, dass dies nun ein für alle Mal geklärt werden konnte. Bleiben Sie vergnügt und ungezupft!

Weimarer Muppet Show

Nach mehreren Wochen Homeoffice muss ich unbedingt mal raus. Ich fahre nach Weimar und besuche Thomas Thieme.

„Wohnzimmer, Esszimmer oder Bibliothek?“

„Fernsehzimmer“, sage ich.

Dort haben wir in den Jahren vor Corona gesessen, die Sportschau geguckt und tiefsinnige Gespräche geführt. Ich gehe in die Küche und schneide Weißbrot und Käse auf. Thieme geht in den Keller und holt einen guten Weißen herauf. Dann sitzen wir, mit zwei Meter Abstand, in unseren Sesseln und prosten uns zu. Der Wandfernseher läuft, ist aber noch stumm.

Der Schauspieler will wissen, wie es mir geht.

„Eigentlich wie immer. Ich schaue auf meine Monitore, nur wenn ich den Blick schweifen lasse, sehe ich statt meiner Kollegen die Enten des Nachbarn.“

Thieme hat es schwerer. Die Theater sind dicht, die Dreharbeiten wurden storniert und alle Bühnenauftritte verschoben. Nun sitzt er auf seinem Altenteil und guckt mit mir in die Röhre. Um uns in der Pandemie eine Freude zu machen, zeigt die Sportschau noch einmal das EM-Viertelfinale von 2016: Deutschland gegen Italien. Ein glückliches Déjà-vu, wir gewinnen nach Elfmeterschießen. Ende des Italienfluchs.

„Guck an, da spielt ja noch der Schweinsteiger“, sage ich.

„Die Italiener haben Buffon“, sagt er.

„Hilft ihnen aber nichts. Weil sie zu viele Bälle verschießen.“

Stille.

Ich: „Da! Das Eins-eins. Die Azzurri kriegen Oberwasser.“

Er: „Verlängerung. Der Conte sieht aus wie ein Mafioso.“

Ich: „Der Löw auch.“

Stille.

Ich: „Jetzt das Elfmeterschießen.“

Er: „Wollen wir den Ton anschalten?“

Ich: „Der Ton ist an, lieber Herr Thieme.“

Er: „Wieso höre ich nichts?“

Ich: „Weil Ihr Hörgerät kaputt ist.“

Thieme richtet sich auf und sagt im Ton der Entrüstung: „Lieber Herr Quilitzsch, ich hab’ doch kein Hörgerät!!!“

„Natürlich nicht. Das war aus der Muppet Show.“

Singende Pop-Gespenster

Neulich habe ich freiwillig „Wetten dass...?“ eingeschaltet. Es hieß, Abba würde kommen. Ich wartete, dabei waren sie längst da. Sollten die beiden angegrauten, leicht schwerhörigen Herren auf der Couch tatsächlich Björn und Benny sein? Ich hatte sie anders in Erinnerung. Vor 40 Jahren hatte die Band eine Pause eingelegt und vergessen, auf die Bühne zurückzukehren. Und wo waren Agnetha und Anni-Frid? Die beiden Damen seien indisponiert, erklärte Benny. Oder Björn. Vermutlich musste Agnetha zum Yoga, und Anni-Frid hatte wegen Corona keinen Friseurtermin bekommen. Benny, wie man sehen konnte, auch nicht. Aber ist das wichtig? Wir reden über eine der erfolgreichsten Pop-Gruppen der Welt! Abba hat ein neues Album, ist wieder auf Platz 1 der Charts und will im kommenden Jahr in London ein Livekonzert geben. Also alles wie früher?

Nein. Abba wird beim sogenannten Live-Auftritt gar nicht auf der Bühne stehen. Benny, Björn, Agnetha und Anni-Frid schicken ihre Avatare. Das sind singende Pop-Gespenster, die so aussehen wie Abba vor 40 Jahren. Wenn ich es richtig verstehe, wollen die Abba-Oldies (Durchschnittsalter 74,25 Jahre) das Konzert vorher im Homeoffice aufnehmen und ihre Jungpuppen tanzen lassen. Eine Art Geisterkonzert. Manche sehen darin einen großen PR-Gag, andere eine Revolution in der Unterhaltungsbranche. Vielleicht ist es auch nur mangelnder Respekt vorm eigenen Alter. Ich habe mir die neuen Songs mal angehört. Herzrasen ist da, glaube ich, nicht zu befürchten. Abba könnte das Konzert auch bequem im Sitzen spielen.

Zurück zur „Wetten dass...?“-Show. Wer war eigentlich der Avatar neben Björn und Benny? Der im goldenen Anzug, mit den blonden Locken und der großen Nase?

Dialog mit meiner Urenkelin

Erinnerung an ein Kultbuch

Wo ist eigentlich Jürgen Kuczynskis „Dialog mit meinem Urenkel“ abgeblieben? Nach längerer Suche entdecke ich ihn zwischen Monika Marons Roman „Flugasche“ und „Franziska Linkerhand“ von Brigitte Reimann. Seit 36 Jahren habe ich das Buch, das seinerzeit Kult war, nicht mehr in der Hand gehabt. Jetzt nehme ich es wieder aus dem Regal und blättere darin. „Sage mal, Urgroßvater: Hast Du Dir den Sozialismus in Deiner Jugend so vorgestellt, wie er heute ist?“, lautet die erste Frage.

Das Buch war 1983 im Aufbau-Verlag erschienen, nachdem das Manuskript sechs Jahre auf Eis gelegen hatte. Ich studierte in Jena Germanistik und war glücklich, ein Exemplar unter dem Ladentisch ergattert zu haben. Kuczynski beantwortet darin Fragen, die in der DDR tabu waren. Zum Beispiel: Wie es um die Ökonomie des Staates stand. Warum jeder, der die realen Zustände kritisierte, sofort zum Feind des Sozialismus gestempelt wurde. Dass das Buch überhaupt erscheinen durfte, war der privilegierten Stellung des Autors zu verdanken. Der marxistische Kapitalismuskritiker Jürgen Kuczynski hatte als ehemaliger Emigrant einen guten Draht zu Erich Honecker.

Unser Leben sei „nicht mehr so grausam“, aber es entspreche „noch keineswegs unserem ‚organischen‘ sozialen Idealismus“, schrieb Kuczynski 1977. Er geißelt die Verbrechen der Stalin-Zeit, kritisiert die „Überzentralisierung“ in der DDR und beklagt deren hohe Verteidigungsausgaben. Trotzdem ist er fest davon überzeugt, dass sein Urenkel im Kommunismus leben wird.

Ich überlege, was meine Urenkelin mich einmal fragen könnte. Zum Beispiel: Habt Ihr nicht schon 1983 gewusst, dass die Treibhausgase die Erde erwärmen und die Polkappen abschmelzen? Warum habt Ihr dennoch Wälder abgeholzt, Flächen versiegelt und auf Teufel komm raus das Wachstum forciert? Und warum habt Ihr, selbst als das ganze Ausmaß der sich anbahnenden Katastrophe sichtbar wurde, immer so weitergemacht?

Dialog mit meiner Urenkelin (1)

Plötzlich liegt die Mail in meinem Postfach. Ich zögere, denn der Absender „FilipaQ2057“ sagt mir nichts. Doch die Betreff-Zeile lässt mir keine Ruhe: „An meinen Urgroßvater“ steht da. Moment, denke ich. Du hast noch nicht mal Enkel, und da schreibt dir deine Urenkelin aus der Zukunft? Das könnte eine fiese Falle sein. Trotzdem klicke ich sie an.

„Hallo Urgroßvater, ich hoffe, meine Post wird Dich erreichen. Du liest doch noch diese altmodischen Mails, nicht wahr? Gerade hat sich ein Fenster in die Vergangenheit geöffnet. Wir könnten die Chance nutzen ...“

Ich lasse alle Vorsicht fahren, drücke den Antwort-Button und tippe: „Wer bist Du?“ Prompt kommt die nächste Mail: „Ich heiße Filipa und bin Deine Urenkelin. Ich wurde 2057 geboren und habe kürzlich meinen 14. Geburtstag gefeiert. Deine Mailadresse habe ich von Großvater. Er wisse nicht, sagte Opa Jan, ob sie auf dem rückwärtigen Zeitstrahl funktioniere. Ich habe es einfach mal probiert.“

Ich überschlage im Kopf: Mein Sohn ist 35, dann wäre er zu Filipas Geburt 72 und zu ihrem 14. Geburtstag ...? 86 Jahre alt!

„Stimmt“, bestätigt Filipa. „Dein Sohn ist jetzt ein alter Mann, aber immer noch sehr fit.“

„Was macht er beruflich?“

„Opa Jan ist in die Politik gegangen und managt die Stralsunder Wasserwelt. Die Stadt liegt jetzt zwar unterm Meer, aber große Teile ihrer Infrastruktur sind noch intakt.“

„Heißt das, der Meeresspiegel ...?“

„Ja, Urgroßvater. Wovor Eure Klimaexperten immer gewarnt haben, ist eingetreten. Was hast Du denn geglaubt? Dass sich irgendwann alles in Wohlgefallen wandelt?“

„Mit zitternden Fingern tippe ich: „Filipa, wie geht es Euch?“

„Wir leben, aber es ist ein täglicher Kampf. Alles hat sich verändert. Du würdest die Welt nicht wiedererkennen.“

Für einen Moment sitze ich wie versteinert, dann gebe ich ein: „Sag, was wir tun können!“

„Das Menschenmögliche. Hört endlich auf, vor der heraufziehenden Katastrophe die Augen zu verschließen. Hört auf die Wissenschaftler, haltet euch an die Fakten. Dann ...“

„Filipa?“

„Oh, ich muss Schluss machen. Es tut mir leid, Urgroßvater, das Zeitfenster schließt sich ...“

In großer Sorge sende ich meiner Urenkelin eine Mail nach der anderen, doch „FilipaQ2057“ antwortet nicht mehr.

Die tapfere Schulschwänzerin

Endlich! Endlich steht jemand auf und sagt: So geht’s nicht weiter! Wenn ihr so weiter macht, werdet ihr uns, eure eigenen Kinder, eines Tages umbringen!

Die 15-jährige Schwedin Greta Thunberg hat den heißesten und trockensten Sommer ihres noch jungen Lebens erfahren und fürchtet, dass künftig die Sommer noch heißer und trockener werden. Um das zu erkennen, muss man nicht Klima-Aktivistin sein. Es genügt, eins und eins zusammenzuzählen: die abschmelzenden Polkappen und die Erwärmung der Ozeane, den auftauenden Permafrostboden und die

Zunahme von Unwetterphänomenen. Hier Dürre und Versteppung, dort Taifune und Überschwemmungen. Wenn der Meeresspiegel weiter anschwillt, werden ganze Küstenstädte von der Erdoberfläche verschwinden. Das Ergebnis: eine globale Katastrophe.

„Und, was tut ihr dagegen?“, fragt die kleine Greta.

Sie meint uns, die wir gern in Anspruch nehmen, die Welt retten zu wollen, in Wirklichkeit jedoch ihren Untergang forcieren. Wir wissen seit Längerem, dass der Klimawandel immer mehr Fahrt aufnimmt, und müssten alles dafür tun, die Erderwärmung auf unter zwei Grad zu begrenzen.

Aber tun wir das? Fahren wir nicht weiterhin unnötige Strecken mit dem Auto? Gehören wir nicht zu den Weit- und Vielfliegern? Und wie viele von uns besteigen nur zum Vergnügen ein Kreuzfahrtschiff, neben dem Tanker die größte Dreckschleuder auf Erden? Wir nehmen es hin, wenn unsere Politiker auf Druck der Automobilindustrie die Grenzwerte nach oben „korrigieren“. Dass sie den Ausbau der Schiene gar nicht oder nur halbherzig vorantreiben. Dass bei der Forderung, auf E-Mobilität und umweltfreundlichere Energieträger zu setzen, sofort mit Verlust von Arbeitsplätzen gedroht wird.

Greta sitzt mit ihrem selbstgemalten Plakat „Schulstreik für das Klima“ jeden Freitag stumm vorm schwedischen Parlament, und ihr Blick sagt: Denkt auch mal an uns! Sie erinnert mich an das Kind aus dem Märchen „Des Kaisers neue Kleider“, das allen sagt, dass der Regent nackt ist. Greta Thunberg zeigt uns die nackte Tatsache, dass wir die Umwelt der nachfolgenden Generationen zerstören. Manche Lehrer und Volksvertreter meinen, sie solle lieber zur Schule gehen. Doch Greta ist tausendmal klüger als sie.

Wie mein Großvater die Umwelt schonte

Immer wenn ich Neues über die Umweltaktivistin Greta Thunberg erfahre, sehe ich meinen Großvater Paul vor mir. Geboren 1905 in Mühlbeck bei Bitterfeld. Gestorben 1990 in Mühlbeck bei Bitterfeld. Nun, er lebte im 20. Jahrhundert, dem „fossilen Zeitalter". Dennoch hat er vieles richtig gemacht. Ich würde sogar behaupten, dass er im Rahmen seiner Möglichkeiten ein weitgehend klimaneutrales Leben geführt hat. Ich nenne ihn ehrenhalber Paul-Greta Q., Umweltaktivist von Mühlbeck bei Bitterfeld.

Obwohl Paul-Greta in einem Chemie- und Braunkohle-Hotspot zu Hause war, kann sich seine Bilanz sehen lassen. Sein ökologischer Fußabdruck ist kleiner als meiner. Er hat nachhaltiger gewirtschaftet und die Ressourcen geschont. Hier ein paar Eckdaten:

Im Haushalt meiner Großeltern gab es weder Plastiktüten noch Plastikflaschen. Nur einen Camping-Klappbecher aus Kunststoff mit Spiegel, den man teleskopartig zusammenschieben konnte. Das war die Attraktion bei Kindergeburtstagen.

Eingekauft wurde mit Ledertasche, Stoffbeutel oder Brotnetz. Wenn überhaupt, denn sie waren Selbstversorger.

Shoppen ging Paul-Greta nur alle paar Jahre in der Kreisstadt. Da wurde vielleicht mal ein neuer Blaumann gekauft. Neue Schuhe gab es alle zehn bis zwölf Jahre. Ein Wintermantel hielt das ganze Leben.

Das Wasser kam nicht aus der Leitung, sondern wurde per Hand aus dem Boden gepumpt.

Gedüngt wurde fast ausschließlich biologisch, wozu die Sickergrube hinterm Plumpsklo ausgeschöpft wurde.

Paul-Greta hatte kein Auto, er legte alle Strecken CO_2-neutral mit dem Fahrrad zurück. Taxifahrten verboten sich, da zu teuer.

Allerdings gibt es Abzüge wegen der Nutzung fossiler Brennstoffe. Küchenherd, Waschkessel und die gute Stube wurden mit Holz und Kohle beheizt. Das war alternativlos.

Dennoch behaupte ich, dass mein Großvater in den 84 Jahren seines Lebens weniger CO_2 erzeugt hat als Greta Thunberg am Tage ihrer Abreise nach New York, als wegen ihr Dutzende Journalisten ins südenglische Plymouth düsten. Großvater war kein Medienstar. Ihm zuliebe ist nicht mal ein Hubschrauber in Bitterfeld gelandet.

Paul-Greta Q. ist überhaupt nur zweimal in seinem Leben geflogen: 1965, um uns in Moskau zu besuchen, und zehn Jahre später noch einmal, um als Rentner die Wolga hinab zu schippern. Natürlich möchte niemand mehr wie im 20. Jahrhundert leben. Aber wir könnten einiges von Paul-Greta lernen. Maßhalten. Sparsamkeit. Bescheidenheit. Demut vor der Natur. Gern würde ich Greta T. den Ehrennamen Paul verleihen.

Generation Ungeküsst

Harald Martenstein sorgt sich in seiner Kolumne im ZEIT-Magazin um die heute Vierzehn- bis Sechzehnjährigen. Wie, fragt er, sollen sich junge Menschen nahekommen, ohne den vorgeschriebenen Abstand von 1,50 Meter zu unterschreiten? Und sich küssen, einfach weil man sich mag, wie soll das gehen mit Kontaktverbot und Maske? Ungeküsst ins Erwachsenenleben eintreten, das hat Folgen. Man weiß doch, wie gut Zärtlichkeiten in jedem Lebensalter tun. Unverzichtbar sind sie, wenn man der Pubertät entwächst. Die erste Umarmung. Der erste Kuss. Das erste Petting. Die erste gemeinsame Nacht. Wo und wie findet so etwas in Pandemiezeiten statt?

Es gibt das sogenannte Dating im Netz, wo man in kürzester Zeit so viele Partner treffen kann, wie das Datenvolumen erlaubt. Aber nur virtuell. Wir, die wir in unserer Jugend nicht mal ein Telefon besaßen, brauchten fürs Kennenlernen länger. Viel länger. Meist geschah das beim Schülerball oder in der Disco. Dort gab es die langsame Runde.

Martenstein, der in Mainz aufwuchs, spricht vom „Stehblues“, was letztlich dasselbe ist. In der langsamen Runde wurde eng umschlungen getanzt. Sie kam meist kurz vor Schluss und wurde vom Discjockey angekündigt, der dann das Licht herunterdimmte. Für alle, die bis dahin keinen Partner gefunden hatten, bot sich die letzte Gelegenheit. Nur wer jetzt aufgefordert wurde, wer jetzt keinen Korb bekam, durfte hoffen, vielleicht doch noch auf dem Heimweg geküsst zu werden.

Ich fürchte, dass Corona-Partys, die vermutlich häufiger stattfinden, als wir glauben, keinen adäquaten Ersatz bieten. Ungeküsste brauchen für eine zaghafte Annäherung den Blues, die richtige Stimmung, damals wie heute. Schon deshalb muss und wird sie zurückkehren, die langsame Runde. Langsam.

„Ihr müsst eure Brüste schützen!“

So hatte ich mir unser Wiedersehen nicht vorgestellt. Als ich von der Arbeit komme, sind E. und T. da, gleichzeitig. Das letzte Mal war das vor einem knappen Jahr in Mexiko der Fall gewesen.

Hallo und stürmische Umarmungen. Zur Feier des Tages hat E. gekocht, mexikanisch natürlich, und T. hilft beim Servieren. Die Tapas werden vorm Fernseher gereicht.

„Du musst jetzt ganz stark sein", krächzt K., die mit Halsschmerzen auf der Couch sitzt. „Die Mädels wollen Germany's next Topmodel gucken."

„Ach", sage ich, „das geht doch wieder bis Mitternacht. Ich dachte, wir wollen uns unterhalten."

Reden könne man in den Werbepausen, sagt T., und E. versucht mich zu locken: Heute ist Nacktshooting angesagt, das sei doch auch was für mich. Fast hätte ich mich an meinem Taco verschluckt. Sag jetzt lieber nichts. Schau einfach zu und denk dir deinen Teil.

Ich sehe: einen Traumstrand, ein Dutzend leicht bekleideter junger Damen und, in Seidenbluse und löchrigen Jeans, die Modelmacherin. Heidi Klum baut sich langbeinig vor ihren Schützlingen auf und verkündet: „Heute sehe ich alles von euch. Heute zeigt ihr euch so, wie Gott euch schuf." Und als wäre dies nicht schon genug, legt sie noch eine Schippe drauf: „Wir machen es heut mal mit dem Pferd."

Fassungslosigkeit, am Strand als auch in unserem Wohnzimmer. Eine der Kandidatinnen weint. Sie fürchtet sich vor Pferden.

Als die Hüllen fallen, schaue ich verlegen in meine Guacamole. Völlig unnötig, wie sich herausstellt, denn jedes weibliche Detail wird sorgsam retuschiert. Die Topmodels hängen wie geschlechtslose Barbiepuppen auf dem Gaul, mal richtig, mal verkehrt herum, und haben große Mühe, nicht herunterzufallen. Klum-Heidi tritt neben die Fotografin und ruft: „Die Brüste! Ihr müsst eure Brüste schützen!" Ihre eigenen sind gerade so weit geschützt, dass sie nicht aus der Bluse flutschen.

Dialog mit meiner Urenkelin (2)

Wieder kommt ihre Mail vollkommen unerwartet. Wieder schaue ich ungläubig auf die Betreff-Zeile: „An meinen Urgroßvater". Ich öffne die Datei mit Maus-Klick und lese: nichts. Dann einzelne Buchstaben und Wortfetzen, die keinen Sinn ergeben. Beunruhigt drücke ich den Antwort-Button und tippe: „Filipa? Bist Du das?" Nach quälend langen Minuten erhalte ich eine lesbare Antwort.

„Ja, ich bin's, Deine Urenkelin. Entschuldige die fehlgeschlagenen Versuche. Ich muss mich erst an diese vorsintflutliche Art von Kommunikation gewöhnen. Gerade hat sich wieder ein Fenster in die Vergangenheit geöffnet. Ich bin jetzt 21 und studiere an der Putin-Universität in Nowosibirsk Genetik und Umweltpsychologie. Seit meiner ersten Nachricht an Dich hat sich viel verändert, leider nicht zum Besseren. Aber wir geben nicht auf, Urgroßvater, wir bemühen uns, die schwindenden Ressourcen gerecht zu verteilen. Übrigens ist es nun noch schwieriger geworden, Dich zu kontaktieren, seit es das Internet nicht mehr gibt."

Ich tippe erschrocken: „Was, kein World Wide Web mehr?"

„Es musste gesperrt werden, da es fast nur noch zur Verbreitung von Falschnachrichten diente. Lüge und Wahrheit waren nicht mehr zu unterscheiden. Wir kommunizieren jetzt auf neue Art miteinander, mittels Gedankenstrom, direkt von Gehirn zu Gehirn. Das zwingt zur Aufrichtigkeit."

Wieder rechne ich hektisch im Kopf und schreibe: „Da seit unserem letzten Mailwechsel bei euch sieben Jahre vergangen sind, seid ihr jetzt im Jahr 2078. Was macht Jan? Wenn er noch lebt, müsste mein Sohn jetzt, Moment ..., 94 sein?"

„Kein Grund zur Sorge, Urgroßvater! Opa Jan geht es seinem Alter entsprechend gut. Zu seinem 90. Geburtstag haben wir ihm eine Frischzellen-Kur geschenkt. Er ist jetzt wieder 70 und hat sich zur Arbeit auf sein finnisches Weingut zurückgezogen."

„Finnischer Wein? Nimm mich nicht auf den Arm, Filipa!“

„Das tu ich nicht, Urgroßvater. Dort, woher ihr euren Wein bezogen habt, wächst schon lange nichts mehr. Zu heiß, zu trocken oder bereits Wüste ... Oh, sorry, wir müssen abbrechen. Das Zeitfenster schließt sich wieder.“

„Eine letzte Frage, Filipa: Du schreibst mir aus der Zukunft. Für mich bist du noch gar nicht geboren, aber du kennst schon mein Todesjahr. Du weißt, was kommt. Hast Du keine Angst, dass sich, wenn Du an der Vergangenheit rührst, Dein Leben ändern könnte?“

„Das hoffe ich doch, Urgroßvater! Wir alle hoffen sehnlichst, dass sich was ändert!“

Wer mit der Hand schreibt, der bleibt

T. hat sich in Berlin zum Studium eingeschrieben und rüstet auf: Zu Laptop und Smartphone noch ein Tablet mit externer Tastatur für die Vorlesungen, dazu ein Stift für Notizen.

„Den Stift“, sage ich leichtsinnig, „bezahle ich.“

„Oh, Danke! Vielen, vielen Dank!“ Am nächsten Tag präsentiert sie mir die Rechnung:99 Euro und 90 Cent!

Einen so teuren Stift habe ich nie besessen. Dieser hier ist grau und unscheinbar, braucht weder angespitzt noch befüllt zu werden. Ein digitaler Zauberstab, direkt aus der Harry-Potter-Werkstatt. T. fährt damit auf ihrem Tablet herum, das die zittrigen, leicht windschiefen Wörter schluckt und sie in akkurate Druckschrift verwandelt. Ich finde es gut, wenn junge Leute mit der Hand schreiben. Sofern sie es noch können. Jenen, die die Schreibschrift im Tastenzeitalter für überflüssig halten, entgegne ich: Wer mit der Hand schreibt, der bleibt.

Laut jüngsten Studien hat heute jedes dritte Schulkind Probleme mit der eigenen Handschrift. Viele können nicht flüssig schreiben, und sie klagen über Krämpfe, sobald sie mal einen längeren Text, zum Beispiel einen Aufsatz, zu Papier bringen sollen. Dabei ist gerade das eigenhändige Fabrizieren von Buchstaben und fließend ineinander übergehenden Wortgruppen ein kognitiver Prozess, der im Gehirn Gedächtnisspuren hinterlässt. Wer die Bewegung der Hand im Kopf verarbeitet, erkennt leichter die Grammatik und die Bedeutung der Wörter. Das Tippen fertiger Buchstaben hingegen ist stereotyp, und man erinnert sich später kaum an das Geschriebene. Umso mehr freue ich mich, dass T. ihre Vorlesungsmitschriften mit dem Zauberstift anfertigt.

„Mach' fleißig Exzerpte", sage ich.

„Ex... – was?"

„Exzerpt heißt Textauszug."

„Aha. Und wie schreibt sich das?"

Gespräche mit meinem iPad

Habe ich schon erwähnt, dass ich seit Kurzem Besitzer eines iPads bin? Ein Notkauf. Mein Klapprechner war so langsam geworden, dass er eine Viertelstunde zum Hochfahren brauchte. Ich konnte keine Mails mehr lesen und Texte nur noch in Zeitlupe verfassen.

„Eine gute Wahl", lobt T., als sie auf dem Display den angebissenen Apfel erkennt. Sie nutzt die Apple-Computer schon lange, während ich bisher bei Microsoft zuhause war. Der Apfel und ich, wir müssen erst miteinander warm werden. Ich probiere dies und probiere das, und als nichts mehr geht, wird das Display plötzlich schwarz, und eine weibliche Stimme ertönt.

„Wie kann ich helfen?"

„Wer bist du?", frage ich erstaunt.

Ein magisches Auge starrt mich an. Weiter geschieht nichts.

„Du musst dort drücken, wenn du sprichst", erklärt mir T.

Ich drücke und wiederhole meine Frage.

„Ich bin Siri."

„Wer?"

„Siri. Aber nun genug von mir. Wie kann ich helfen?"

Verunsichert klappe ich die Schutzhülle über das Auge. Wenn das iPad sprechen kann, hört es dann vielleicht auch alle meine Gespräche mit? Als T. zum Pool geht, versuche ich es herauszufinden.

„Hallo Siri!"

„Sei gegrüßt, Erdling."

„Wieso Erdling?"

„Interessante Frage."

Mein Verdacht verhärtet sich. Heute Morgen erst habe ich das Wort geschrieben, im Manuskript zum „Sternenkind".

„Siri, was weißt du über mich?"

„Du bist intelligent, charmant und besitzt eine messerscharfe Kommunikationsfähigkeit."

„Hör auf, mir zu schmeicheln. Beantworte meine Frage!"

„Wie kann ich helfen?"

„Du sollst mir sagen, wer du bist."

„Ich bin Siri."

„Du bist ein Algorithmus."

„Ich bin mir nicht sicher, ob ich das verstanden habe."

„Doch, du verstehst mich schon. Sag die Wahrheit, Siri. Bist du ein Algorithmus, der alles über mich sammelt, was er kriegen kann?"

„Ich bin dazu programmiert, immer die Wahrheit zu sagen."

„Dann gib zu, dass du alles speicherst, was ich sage ..."

„Ich weiß nicht, ob ich das verstanden habe."

„Okay. Du sagst, du willst mir helfen. Und du hilfst mir vielleicht sogar. Aber nebenbei schnappst du nach meinen Daten."

„Ich bin nicht sicher, ob ich das verstanden habe."

„Tu nicht so. Hat man dich zum Lügen programmiert?"

„Interessante Frage."

„Blöde Kuh!"

„Das klingt aber gar nicht schön."

Ich gebe auf und drehe Siri den Saft ab.

Barcelona war keine Option

Wie immer kommt der Anruf spät am Abend. Und wie immer muss alles ganz schnell gehen. Da T. sehr laut mit ihrer Mutter spricht, höre ich ungewollt mit.

„Hör zu, Mami, die Studienbewerbung für Barcelona muss morgen raus. Ich habe dir die Formulare per E-Mail geschickt. Was wir noch brauchen, sind meine Zeugnisse der elften und zwölften Klasse. Die liegen in der Mappe in meinem Schreibtisch, müssen aber noch beglaubigt werden. Verstehst du: Beglaubigt! Bitte fahr morgen Früh in meine Schule und lass dir die nötigen Stempel geben."

K., völlig aufgelöst: „Wie denn? Ich bin ab sieben auf der Arbeit."

T., sehr eindringlich: „Nein, Mami, das geht nicht anders. Du musst morgen in meine Schule und die Dokumente sofort abschicken, sonst kommen sie zu spät."

Typisch T. Unter Barcelona geht es nicht, und alles auf den letzten Drücker ... In der nächsten halben Stunde wechseln Sprachnachrichten zwischen Mexiko-Stadt und Erfurt hin und her, und am Ende bin ich es, der in aller Frühe zu T.'s

Schule fährt, die Zeugnisse beglaubigen lässt und den Umschlag mit den Dokumenten zur Post bringt.

Barcelona, denke ich in der Schlange vorm Schalter, war für uns keine Option. Moskau wäre möglich gewesen oder eine Hochschule im Ural. Ich wollte aber an der Humboldt-Universität studieren und landete in Jena. Es sollte Journalistik sein, und am Ende wurde es Germanistik. Wie war das eigentlich damals mit meiner Bewerbung, im Frühjahr 1975?

Ich schickte sie nach Berlin, denn für ein Journalistik-Studium war ein Volontariat erforderlich. Mein Klassenlehrer gab mir den Rat, bei der Jungen Welt, dem Zentralorgan der FDJ, anzuheuern. Vom Zensurendurchschnitt her stand dem nichts im Wege. Doch es gab Aufnahmetests und ein Gespräch mit der Chefredaktion.

Auf der Fahrt nach Berlin war ich mir ziemlich sicher, dass ich den Job bekommen würde. Schließlich konnte ich Veröffentlichungen in Jugendzeitschriften vorweisen und war jüngster Autor des Verlags Neues Leben. Doch es kam anders.

In den Tests wurde nach sozialen Protesten in einer amerikanischen Kleinstadt, einem neuen RGW-Abkommen, allerlei Statistischem und der Planerfüllung der DDR-Getreideernte gefragt. Da ich meist nur die Sportseiten gelesen hatte, musste ich passen. Dafür schnitt ich beim Verfassen eines Probeartikels besser ab. Die Aufgabe lautete: Schreib über eine Solidaritätsaktion. Ich berichtete, wie wir in der Unterstufe als Timur und sein Trupp Altstoffe gesammelt hatten. Zwar wurde ich noch zum Abschlussgespräch gebeten, doch man sagte mir, ich sollte lieber Geschichten verfassen und nicht für die Junge Welt schreiben.

Das Geschichtenschreiben habe ich, wie man sieht, nie aufgegeben. Dass ich 26 Jahre später als Quereinsteiger doch noch bei der Zeitung gelandet bin, ist eine ganz andere Geschichte.

Kinder, lernt das Einmaleins!

Haben Sie gewusst, dass gestern der Tag des unnützen Wissens war? Nein? Dann vergessen Sie's am besten gleich wieder. Oder warten Sie: Wir feiern den Tag gemeinsam nach und schauen, was wir dabei lernen können.

Mein Kopf ist randvoll mit Schulstoff, der mir nichts nützt. Mir nie etwas genützt hat. Zum Beispiel mussten wir den Satz nachbeten: „Die Lehre von Karl Marx ist allmächtig, weil sie wahr ist." Nicht im Religionsunterricht, sondern in M/L, dem Hauptfach Marxismus-Leninismus. Der Ausspruch stammt vom roten Halbgott Lenin, der, wie man bei Johannes R. Becher nachlesen kann, an den Schlaf der Welt gerüttelt hat. Gerüttelt oder gerührt? „Er rührte an den Schlaf der Welt / Mit Worten, die Blitze waren. / Sie kamen auf Schienen und Flüssen daher / Durch alle Länder gefahren." Heute fahren Worte nicht mehr. Sie fliegen oder reisen per Internet.

Bestimmt kennen Sie noch den vollständigen Titel des Genossen Erich Honecker. Man konnte ihn bis zum Herbst 1989 täglich in allen DDR-Tageszeitungen lesen: Der Generalsekretär des Zentralkomitees der Sozialistischen Einheitspartei Deutschlands und Vorsitzende des Staatsrats der Deutschen Demokratischen Republik ... Vergessen wir's.

Und heute? Wir brauchen nur mit einem Mausklick die Büchse der Pandora zu öffnen, schon kommt der Schwall über uns, mit allem, was man niemals erfahren will:

Edmund Stoiber schrieb seine Dissertation über Hausfriedensbruch.

Aha.

Pamela Andersons Vater ist Mitglied im Hochbegabtenverein Mensa, für den man einen IQ von mindestens 130 nachweisen muss.

Wer ist Pamela?

Eisbären pinkeln während ihres Winterschlafs oft monatelang nicht.

Toll!

Es gibt 318.979.564.000 verschiedene Möglichkeiten für die ersten vier Züge beim Schach.

Wirklich erstaunlich.

Wer aber sagt mir, welches Wissen einen Nutzwert hat? Wie oft braucht man die Integralrechnung? Was bringt es, wenn man alle Strophen von Schillers „Glocke“ aufsagen kann? Muss man wirklich alle 118 chemischen Elemente kennen? In welchen Lebenslagen hilft der Satz des Pythagoras? Liebe Kinder, vergesst alles, was ihr in der Schule lernt! Behaltet nur das Einmaleins im Kopf. Es könnte ja sein, man nimmt euch eines Tages das Handy weg.

Dialog mit meiner Urenkelin (3)

Man möchte in epidemisch finsteren Zeiten so gern in die Zukunft blicken: Wird sich das Coronavirus auch in unseren Köpfen festsetzen und immer neue Anfälle von irrationaler Wirklichkeitswahrnehmung auslösen? Werden Volksfeste, Open-Air-Konzerte, Sportwettkämpfe, Hundeschauen, Massenproteste, Konzert- und Theaterbesuche eines Tages vollständig verbannt sein? Und werden wir dann für immer und ewig im Homeoffice schmachten, uns nur noch künstlich befruchten und im Schutzanzug in der Sauna schwitzen?

Wen ich auch frage, niemand weiß eine Antwort. Aber ich habe ja Filipa, meine ungeborene Urenkelin. Zweimal hat sie mich schon aus der Zukunft kontaktiert. Ob das auch umgekehrt funktioniert?

Ich öffne meinen Mail-Account, gebe die Adresse „Filipa-Q2057" und meine Fragen ein. Klick. Die Botschaft ist auf dem Weg.

Nach drei Tagen liegt, welch Wunder, ihre Antwort im Postfach.

„Lieber Urgroßvater", schreibt Filipa. „Du ahnst ja nicht, wie sehr Du mich mit Deinen Fragen in Bedrängnis bringst. Eigentlich bin ich es, Deine Nachkommin, die ein Recht hat, von euch Auskunft und Rechenschaft einzufordern. Ihr müsst euch vor uns verantworten, nicht umgekehrt. Du willst also wissen, was zu tun ist? Auch wenn ich damit gegen den Kodex der Zeitreisenden verstoße, werde ich eine kurze Antwort versuchen.

Es wird Corona-Varianten und weitere Pandemien geben, vor allem im asiatischen, afrikanischen und südamerikanischen Raum, wo es an Impfstoffen mangelt, und diese werden vor allem die Armen treffen. In Europa sind es eher neuartige, gezielt eingesetzte Computerviren, die euch bedrohen, indem sie Energieerzeuger, Kommunikationsnetze, Kliniken und Teile des öffentlichen Lebens lahmlegen, Daten abschöpfen, Falschinformationen verbreiten und Lösegeld erpressen. Und bitte vergesst über Covid-19 nicht die viel größere Gefahr, die wie ein Damokles-Schwert über uns, euren Enkeln und Urenkeln, schwebt. Ja, ich rede von der Klimakatastrophe! Ich kann bis zum Jahr 2030 keine wirkliche Trendwende erkennen. Ihr macht so weiter wie bisher. Appelle helfen nicht. Ihr müsst handeln, Urgroßvater, sofort! Wenn es nicht gelingt, das Wachstum zu stoppen, eine Energie- und Verkehrswende einzuleiten, sieht es bis zum Ende des Jahrhunderts düster aus. Das alles darf ich Dir eigentlich gar nicht schreiben. Aber Du bist mein Urgroßvater. Opa Jan hat mir viel von Dir erzählt. Er hält große Stücke auf Dich. Trotz alledem, Deine Filipa."

Die Plage mit den Teenie-Geburtstagen

Ich brauche im Alter ab und zu Hilfe. Oder kehren sich, wenn man die 60 überschritten hat, die Dinge einfach nur um? Als ich jung war, wusste ich nie, was ich meinen Eltern schenken sollte. Topflappen, Schlüsselanhänger, FKK-Skatblatt, Weinflaschenhalter, Rosenthaler Kadarka ...? All das hatten sie schon. Heute weiß ich nicht, was ich den Kindern schenken soll. Die besitzen außer Laptop, Smartphone und angesagten Klamotten zwar fast gar nichts, aber worüber würden sie sich wirklich freuen?

Über ein gutes Buch?

Nein, sie lesen ja nicht.

Ein Zeitungs-Abo?

Sie haben doch keinen festen Wohnsitz mehr.

Über einen schönen Füllfederhalter?

Wann schreiben sie denn noch mit der Hand?

Ein Tagebuch?

Sie posten, was sie aufschreiben, doch eh gleich ins Netz.

Einen Fotoapparat?

Sie fotografieren alles mit ihrem Smartphone.

Ein Video?

Sie schauen täglich Dutzende Videos auf YouTube.

Eine CD?

Wo sollen sie die reinstecken? Sie haben keinen Player, laden sich ihre Musikdateien aus dem Internet herunter.

Dann vielleicht eine Thai-Massage?

Oh ja, sie lassen sich gern verwöhnen!

Eine separate Festplatte?

Prima, sie brauchen immer mehr Speicher für ihre Fotos.

Coole Kopfhörer?

Ja, denn die verschwinden alle paar Wochen.

Einen Rucksack?

Klar, sie reisen doch ständig in der Welt herum.

Naja, ist doch nicht so hoffnungslos, wie ich dachte. Wahrscheinlich zermartern sie sich genauso den Kopf, wenn unsereins Geburtstag hat: Was hättest 'n gern, Alter?

Tja. Wenn ich das wüsste.

Hitchcocks lustige Vogelschar

Ich bin sicher, dass T. das Märchen von dem Jungen, der auszieht, das Fürchten zu lernen, kennt. Doch sie sagt nie zu mir: „Ach, wenn mir's nur gruselte!" Stattdessen fragt sie: „Wann sehen wir uns mal wieder einen Horrorfilm an?" Die Kleine liebt es schaurig, und wenn sie mich rumkriegt, hat das einen doppelten Vorteil für sie: Zum einen zahle ich das Ticket und zum anderen muss sie nach dem Kinobesuch nicht allein im Dunkeln nach Hause gehen. Aber auch ich genieße unsere gemeinsamen Ausflüge in die Gruselfilmwelt.

Beim ersten Mal war es „Poltergeist". Nicht der Klassiker von 1982, sondern die Neuverfilmung von Gil Kenan. Ich fand sie fad und musste mitunter lachen. Der Sechzehnjährigen standen die Haare zu Berge. Kündigte die Musik etwas Furchtbares an, drehte sie sich zur Seite oder hielt sich die Augen zu.

Genauso war es bei „Es" nach Stephen King und bei der „Mumie". Wenigstens behielt T. nun die angstgeweiteten Augen offen, während ich manchmal unauffällig gähnte. Was mich bei diesen Remakes am meisten langweilt, ist das Übermaß an Effekten. Die Filmemacher können nicht an sich halten, müssen gleich ihr ganzes digitales Pulver verschießen. So jagt eine Schreckensszene die andere, und spätestens nach der zehnten hat man die Nase voll.

Die sollten sich mal „Wenn die Gondeln Trauer tragen" von Nicolas Roeg aus dem Jahre 1973 anschauen. Da könnten sie lernen, wie man sein Publikum mit einem Spannungsbogen subtil in Atem hält. Eben hat man noch gelacht, im nächsten Moment gefriert einem das Blut in den Adern.

Auch bei Alfred Hitchcock. Ich war ungefähr in T.'s Alter, als ich als Ferienlager-Helfer dessen Meisterwerk „Psycho" sah. Solange wir im Fernsehzimmer zusammen waren, ging es. Doch auf dem Gang zum Waschraum, wo die Duschen waren, begann mein Herz zu rasen. Ja, mir gruselte.

Gut, denke ich, Hitchcock ist genau richtig für T., das ist Gruseln auf hohem Niveau. Ohne Blutsauger, Männer mit Scherenhänden oder Hände abbeißende Clowns. Also schenke ich ihr zu Weihnachten „Die Vögel".

Wunderbar, diese schon leicht verblassten Retrofarben, denke ich, als wir vorm Fernseher sitzen, und kann es kaum erwarten, dass sich die Krähen und Spatzen auf den Stromleitungen sammeln. Ich weiß bis heute nicht, wie sie das geschafft haben, ganz ohne digitale Hilfe, nur mit Futter, Dressur und Geduld. Doch neben mir amüsiert sich T. „Was ist das denn für ein komischer Film? Schau mal, die süßen Möwen!" Sie verstehe nicht, wie man vor einem Schwarm pickender und pochender Piepmätze in Panik verfallen könne.

„Ach", ruft sie enttäuscht, „wenn mir's nur gruselte!"

„Tagesziel verfehlt!"

Manchmal esse ich ungesund, trinke zu viel, sitze oder liege lange auf dem Sofa und schlafe dann nachts schlecht. Bin ich ein Fall für den Optimierer? Das sind kleine Hightech-Geräte, die man neuerdings als Uhr am Handgelenk trägt. Egal wo du bist, egal was du gerade tust oder nicht tust, sie zeigen dir, wie du es noch besser kannst. Sie messen deinen Puls, deine Herzfrequenz, zählen deine Schritte und sorgen dafür, dass du rund um die Uhr überwacht wirst. Doch ihre Hauptaufgabe ist es, dem Träger permanent ein schlechtes Gewissen einzureden. Und dafür soll ich 120 Euro blechen?

Im Onlineshop werden die Fitness-Tracker mit vielen „Multimedia-Features“, mit Treppensteigfunktion und Etagenzähler angepriesen. Vermutlich zeigen sie dir auch, auf welcher Ebene du dich bewegst: Redaktion, Kantine, Toilette, Fahrradständer, Raucherinsel. Besonders nützlich sei die Anzeige der individuellen Tagesziele.

Ich überlege, was mein Tagesziel heute sein könnte: Mich nicht aufregen? Weniger Kaffee trinken? Mehr Geduld am Telefon? Dem Chefredakteur nicht begegnen? Bis zu den „Tagesthemen“ zu Hause sein? Der elektronische Helfer könne sogar unser Schlafverhalten analysieren, lese ich. Zeichnet er auch meine Träume auf? Optimal wäre, wenn er mich selbst bestimmen ließe, was und von wem ich träume. Und wie lässt sich Sex optimieren?

Eines Nachts, erzählt mir ein Bekannter, der nicht mehr ohne Optimierer ins Bett geht, sei er von lautem Piepen geweckt worden. „Tagesziel verfehlt!“, leuchtete auf dem Display. Zu wenig Sex? Nein, zu wenige Schritte oder zu viele Kalorien. Ergo: Sofort aufstehen und mehrmals die Treppe hoch und runter. Alternativ ein paar Runden ums Viertel, fünfundzwanzig Liegestütze und dann eiskalt duschen.

Ich Mensch, wer du?

Sie sind da. Ihre Sternenschiffe schweben nur wenige Meter über der Erde. Als sich einem von ihnen ein militärischer Stoßtrupp nähert, wird er eingesaugt. Die Kundschafter dringen im Schiffsbauch bis zu einer großen Panzerglasscheibe vor, hinter der die Außerirdischen schweben oder schwimmen: grotesk wirkende Geschöpfe, halb Riesenhand, halb Kopffüßler. Wer sind sie? Woher kommen sie? Was haben sie vor? Die Militärs sind mit ihrem Latein schnell am Ende, suchen Hilfe bei der Wissenschaft. Eine Linguistin und ein Physiker sollen den Kontakt zu den Aliens herstellen. Doch das ist schwer, schier aussichtslos ...

Nach all dem „Star Wars"- und „Star Trek"-Kinderkram endlich mal wieder ein Science-Fiction-Film, der diesen Namen verdient. Mit „Arrival" hat der kanadische Regisseur Denis Villeneuve ein Werk geschaffen, das sich mit den besten des Genres messen kann. „2001: Odyssee im Weltraum" von Stanley Kubrick, „Solaris" von Andrej Tarkowski oder Robert Zemeckis „Contact" mit Jodie Foster.

Der Anfang von „Arrival" erinnert tatsächlich an Tarkowski. Im Zeitlupentempo fährt die Kamera durch den Wohnbungalow der Sprachforscherin Louise Banks (Amy Adams). Dann erlebt man im Zeitraffer die Geburt ihrer Tochter, deren erste Schritte, fröhliche Szenen aus Kindheit und Jugend. Plötzlich liegt die Tochter auf der Krebsstation, stirbt. Louise versinkt in Trauer. Was hat das mit den außerirdischen Besuchern zu tun?

„Arrival" handelt von den Schwierigkeiten der Verständigung. Auch die Menschheit ist zerstritten, findet keine gemeinsame Sprache. Und nun diese technologisch hochgerüsteten Fremden. Die weder sprechen noch schreiben, sondern mit ihren Tentakeln Zeichensysteme in die Luft sprühen. Alle Versuche, sie zu entschlüsseln, scheitern.

Louise Banks gibt nicht auf. Sie legt ihre Schutzhülle ab und tritt mit einer Tafel vor die Ankömmlinge. Darauf steht: „Human" – Mensch. Wort für Wort tastet sie sich vor, entschlüsselt Teile des fremden Sprachsystems. Doch für eine Vertrauensbasis reicht es nicht. Versehentlich kommt es zur Katastrophe.

An die verlorenen Kinder

„Wovon sollen wir träumen, so wie wir sind, so wie wir sind?" Ja, wie seid ihr denn? Der Song der Bochumer Band Frida Gold spricht für die junge Generation, für die heute 16- bis 36-Jährigen. Man hört: Ratlosigkeit, Ratlosigkeit, Ratlosigkeit. „Woran können wir glauben? So wie wir sind, so wie wir sind." Ein vor Selbstmitleid triefender Klagesong, der in der Zeile gipfelt: „Wir sind verlorene Kinder."

Liebe Kinder, was beklagt ihr denn? Dass euch keiner an die Hand nimmt und zeigt, wo's lang geht? Das Verschwinden der Utopien? Die Ohnmacht des Einzelnen in einer immer globaleren Welt? Ja? Nein? Na dann werdet doch mal konkreter!

Zugegeben, das ist schwer. Popsongs sind nur Stimmungsbarometer. Sie transportieren Unsagbares, Unfassbares. Gefühle eben. In diesem Fall einen süßen Weltschmerz, in dem man sich einrichten kann. Willkommen im beheizten Kokon mit YouTube-Anschluss! „Was wollen, was sollen wir tun?"

Nichts als Selbstmitleid und rhythmisch-harmonisches Gejammer. Wo bleibt die Empörung? Die Wut, die Reibung an den Etablierten, die Abrechnung mit der älteren Generation? Ihr habt euch verloren? Vielleicht sind wir es ja, die euch aufgegeben haben. Oder die ihren Reibach mit euch machen. Die, so wie ihr seid, keinen Pfifferling auf euch setzen. Gibt es nicht genügend Gründe zum Widersprechen, zum Aufbegehren und Rebellieren?

Hello Kids, hier im Namen eurer 50- bis 80-jährigen Eltern und Großeltern ein paar Anregungen für einen zornigen Popsong:

Juchhei, wir leben auf eure Kosten!
Juchhei, wir verprassen eure Rente!
Juchhei, wir versauen euch das Ökosystem!
Juchhei, wir missbrauchen euch als Konsumenten!
Bleibt, wie ihr seid! So wie ihr seid! Juchhei! Juchhei!

Dialog mit meiner Urenkelin (4)

Wie lange habe ich nicht mehr mit meiner Urenkelin gechattet? Der letzte Kontakt zu der ein Jahrhundert nach mir Geborenen liegt schon Monate zurück, und er war auch nur kurz. Ich habe Hemmungen, Filipa mit weiteren Fragen zu behelligen. Sie ist es doch, die unsere Fehler und Versäumnisse ausbaden muss. Ausbaden – im wahrsten Wortsinn!

Ich tue es trotzdem, wähle „FilipaQ2057“ und warte. Nach zwei Tagen endlich das erhoffte Lebenszeichen:

„Hallo, Urgroßvater, was gibt's?“

„Hallo Filipa! Ich wollte nur mal ...“

„Danke, ich bin wohlauf. Dabei häufen sich die Probleme. Gerade hat ein Hurrikan wieder eine Küstenstadt versenkt ...“

„Um Gottes willen! Welche?“

„Das darf ich dir nicht sagen. Aber du weißt doch selber, wohin die Erderwärmung und der Anstieg des Meeresspiegels führen. Meer und Wüste dehnen sich aus. Unser Lebensraum wird immer kleiner. Aus welchem Jahr rufst du mich eigentlich an? Ah, jetzt sehe ich es: 2020. Da war doch, Moment, da war doch ... Mein Chip hat es gleich ...“

„Corona.“

„Richtig, diese Covid-19-Pandemie."
„Bekommen wir sie in den Griff?"
„Bitte hör auf, mich nach Details zu fragen, die sind tabu."
„Aber vielleicht kannst du mir einen Rat geben, Filipa. Du weißt ja, was kommt."
„Das ist doch gerade das Problem. Aber warte, ich sehe da etwas auf meinem Chip ... Sag mal, kennst du einen gewissen Sven Plöger?"
„Meinst du unseren Wetterfrosch?"
„Ja, ein TV-Wettermoderator. So nennt ihr das wohl. Dieser Plöger hat ein Buch über den Klimawandel geschrieben und dazu Folgendes gesagt: ‚Wir dürfen nicht den Fehler machen, uns nur von einer fünf Meter hohen Tsunami-Welle – der Corona-Krise – in Sicherheit zu bringen und dabei die 500 Meter hohe Welle – den Klimawandel – zu übersehen, die sich bereits am Horizont auftürmt. Der Klimawandel ist wie ein Asteroiden-Einschlag in Superzeitlupe.'"
„Und?"
„Was und? Der Mann hat leider recht behalten, wir bekommen die Auswirkungen mit voller Wucht zu spüren."
„Das tut mir leid, Filipa."
„Es muss dir nicht leidtun, Urgroßvater. Handle endlich!"

Schöpfer mit der Fotozange

„Was braucht man, um aus einem Negativ Fotos zu entwickeln?", fragt mich mein Sohn. Ich zähle auf: Vergrößerungsgerät, Rotlichtlampe, Fotoschalen, Fotozange, Entwickler, Fixiersalz und einen fensterlosen oder abgedunkelten Raum.
„Du meinst eine Dunkelkammer."
„Ja", sage ich, „wenn man dafür Platz in der Wohnung hat."

Wir hatten nur siebzig Quadratmeter, weshalb ich nachts die Küche umrüsten musste. Ich schloss die Tür ab und verhängte das Fenster mit der Sofadecke. „Aber warum fragst du? Heutzutage fotografiert doch niemand mehr mit einem Film in der Kamera." Doch. Er kenne jemanden, der seine Fotos von Hand entwickeln wolle, erklärt mein Sohn. „Hast du deine Ausrüstung noch?"

Nein, die habe ich vor Jahren abgegeben. Bis auf die Trockenpresse, die noch im Keller steht. Ich kann gar nicht glauben, dass Leute freiwillig von der digitalen wieder zur analogen Fotografie umsatteln wollen. Vielleicht ist das ja so ähnlich wie mit der Schallplatte, die auch gerade eine Renaissance erlebt. Wie das eigentlich vor sich gehe, dieses Entwickeln, will mein Sohn wissen.

Ich sehe mich in unserer abgedunkelten Küche sitzen und den Lichtstrahl scharfstellen. Dann die Sekunden zählen, den Karton unter der Schablone wegziehen und in den Entwickler tauchen. Rotlicht an ... Was für ein Gefühl, wenn man den Bogen mit der Fotozange vorsichtig schwenkte, bis sich zarte Umrisse eines Gesichts oder einer Landschaft abzeichneten! Ein Schöpfungsakt. Natürlich nur schwarz-weiß. Abtropfen lassen, kurzes Zwischenwässern, dann in die Schale mit dem Fixiersalz. Deckenlampe an. Im Licht zeigten sich meistens kleine Mängel, die durch eine Änderung der Belichtungszeit oder den Wechsel der Papiersorte ausgeglichen wurden.

In der Dunkelkammer merkte man nicht, wie die Zeit verging. Es roch wie im Chemiekombinat, und ich rackerte bis zur Erschöpfung, nur um kein weiteres Mal die Küche umräumen und neuen Entwickler anrühren zu müssen. Doch wenn die getrockneten Fotos an der Leine hingen, fühlte ich mich wie ein kleiner Gott. Vielleicht ist es das, was wir im digitalen Zeitalter vermissen.

Aus mir wird nie ein Multitasker

Ich sitze auf der Couch und verfolge die Talkrunde „Hart aber fair". Um mich herum wird in Smartphones und Laptops geschaut. Plötzlich ertönt von rechts, wo T. sitzt, eine schnarrende Stimme: „Hey, Leute, wir geh'n in die Engelsburg, haltet euch bereit!"

Immer bereit! denke ich. Ich versuche, mich zu konzentrieren, da auch bei Frank Plasberg mal wieder alle durcheinander reden, während E. mit dem iPhone vorm Mund neben mir auf und ab marschiert. Die Große sendet eine spanische Sprachnachricht an ihren chilenischen Freund.

Plasberg startet gerade den Faktencheck, als aus den Anden die Antwort eintrifft. Dann kehrt, weil E. im Bad verschwindet, für einen Moment Stille ein. „Schauen wir mal, was uns die Zuschauer so schreiben", sagt der Moderator, und seine Stimme wird von einem kreischenden Werbespot übertönt. Nicht im Fernsehen, im Laptop der Kleinen. Zu allem Überfluss beginnt auch noch wie von Geisterhand gesteuert der Drucker zu rattern. T. druckt drahtlos Formulare aus. Dann kehrt E. zurück, das iPhone zum Diktat wieder am Kinn. Sie legt sich bäuchlings auf den Teppich und wartet, bis mit einem Kling die Antwort eintrifft. Erfurt–Santiago, Santiago–Erfurt, die Depeschen nehmen einen Umweg durch meinen Kopf. Kaum ist bei der Großen Ruhe, wird die Kleine wieder aktiv: „Hört mal, Leute! Engelsburg ist doch uncool! Lieber Luisenpark oder was meint ihr?"

Ich will die Antwort nicht wissen.

„Warum telefoniert ihr eigentlich nicht", frage ich genervt, „das ist doch einfacher und viel effektiver?"

„Und warum glotzt du jeden Abend in die Röhre?"

Das ist hart und unfair. Von K. kann ich keinen Beistand erwarten, sie telefoniert im Schlafzimmer seit einer Stunde mit ihrem Vater.

„Wir kommen nun zur Schlussrunde. Bitte jeder nur einen Satz“, sagt Frank Plasberg. Ich sage nichts mehr. Ich frage mich, ob ich nicht gerade einen Generationskonflikt erlebe? Wir sitzen zusammen, reden und gucken aber aneinander vorbei. Kurz vor Mitternacht raffe ich mich auf und schalte den Fernseher ab. Die Große hat sich mit ihrem Smartphone ins Bett zurückgezogen und die Kleine feiert nun doch in der Engelsburg. K. ist nach ihrem Telefonat eingeschlafen. Wieder rattert der Drucker. Nur, um mich zu ärgern.

Dialog mit meiner Urenkelin (5)

Nach längerer Pause hat sich Filipa wieder gemeldet, diesmal aus dem Jahr 2094. Das ist eine für uns unvorstellbar ferne Zeit. Mit 37 Jahren schickt sie mir eine Sprachnachricht, und zum ersten Mal höre ich ihre Stimme. „Urgroßvater“, sagt sie, „das Zeitfenster war geschlossen. Bestimmt hast Du versucht, Kontakt zu mir aufzunehmen. Ich denke auch oft an Dich …“

Filipas Stimme ist selbstbewusst, aber weich. Fraulich, würde ich fast sagen, wenn da nicht dieser Unterton wäre. Kein Vorwurf, eher Enttäuschung. Dennoch – oder vielleicht gerade deshalb – erschüttert mich, was sie sagt:

„Willst du wirklich wissen, wie es uns geht? Um es kurz zu machen, das Ziel, die Erderwärmung auf unter zwei Grad zu begrenzen, wurde verfehlt. Wir sind inzwischen bei vier Grad. Es wird zwar kein CO_2 mehr in die Atmosphäre geblasen, aber das Methan des auftauenden Permafrostbodens heizt die Erde immer weiter auf. Der Nord- und Südpol sind eisfrei und können das Sonnenlicht nicht mehr reflektieren. Seit die Regionen um den Äquator aufgegeben wurden, Mittelmeer, Ost- und Nordsee umgekippt sind und die meisten Küstenstädte überflutet wurden, drängt alles zu den Polen. Wer die Möglichkeit hat, lebt in der Antarktis oder auf schwimmenden Inseln im Polarmeer. Doch wir sind zu viele. Deshalb habe ich mich der Bewegung ‚Stop for Future' angeschlossen und wie Millionen andere Frauen meine Eizellen einfrieren lassen. In absehbarer Zeit wird es keine Ururenkel mehr geben. Wir, die Mütter des anbrechenden 22. Jahrhunderts, warten mit unseren Nachkommen, bis eine Möglichkeit gefunden ist, den aufgeheizten Planeten abzukühlen ... Dies ist eine Botschaft, auf die du mir nicht antworten kannst. Wie immer duldet der Zeitstrahl nur einen kurzen Kontakt. Ich muss abbrechen. Lebe wohl, Urgroßvater! Deine Filipa."

Ich bin sprachlos und wünsche mir, dass alles nur ein böser Traum ist.

Suchen, ohne zu finden

Urlaub mit dem Entschleuniger

„Wie wird das Wetter?“, fragt K. und lässt den Blick übers Mittelmeer schweifen.

„Moment“, sage ich. „Fragen wir doch mal meine KI.“

Ich hole meinen Minilaptop aus dem Rucksack, klappe ihn auf und drücke die Starttaste.

„Nun, was sagt deine KI?“

„Moment. Sie fährt noch hoch.“

KI, so nenne ich meinen Klapprechner liebevoll, gerade weil ihm bis zur künstlichen Intelligenz noch einiges fehlt. Er steckt mit Windows 7 noch in den Kinderschuhen, kommt nur krabbelnd voran. Immerhin öffnet sich heute der Internet-Explorer schon beim dritten Versuch. Während sich die Internet-Suchseite aufbaut, setze ich Wasser an.

„Na bitte: Den ganzen Tag Sonne!“ Wir schlürfen unseren Kaffee und erfreuen uns der Zitronenbäume im Garten. In aller Ruhe wechsle ich zum E-Mail-Ordner.

„Hast du Post?“, erkundigt sich K.

„Moment. Ich bin noch beim Einloggen.“

Das dauert. Ich kann auf dem Monitor verfolgen, wie sich meine KI zum Mailordner vorarbeitet. Dann stockt sie, und es erscheint der Hinweis: „gmx.net reagiert nicht. Website wiederherstellen?“ Einfach ignorieren. Meine KI, weiß ich, arbeitet im Hintergrund. Ich höre, wie sie ächzt und stöhnt, aber sie schafft es.

Sie schafft es immer. Seit nunmehr zehn Jahren mache ich Urlaub mit dem Entschleuniger. Der Klapprechner ist noch viel älter, ich habe ihn meinem Arbeitgeber mal für 30 Euro abgekauft. Noch immer leistet er mir wertvolle Dienste, wenngleich ein bisschen langsam. Das mag andere nerven, mich bringt es runter. Während ich das Jahr über mit den Hightech-Geräten der Redaktion recherchiere, sammelt meine KI daheim ihre Kräfte. Im Urlaub hilft sie mir abzuschalten.

„Ist das nicht wunderbar“, sage ich, „so ganz ohne Datenstress?“ Da sind wir bereits auf dem Weg zum Strand. Am Abend stapfen wir zum Quartier zurück, und ich starte die KI heute zum zweiten Mal, nur um zufrieden festzustellen, dass keine neue Mail im Postfach ist.

„Und wie wird das Wetter morgen?“, fragt K. vorm Schlafengehen,

„Oh, meine KI fährt gerade wieder runter! Aber warte mal ...“

Ich klappe den Laptop zu, trete auf die Terrasse und strecke den mit Spucke angefeuchteten Zeigefinger in die Luft. Nur eine leichte Brise, von der See her.

„Wieder so schön wie heute“, sage ich.

Wir Bade-Gurus von Graal-Müritz

Ich bin den Weg mehrfach abgeschritten, in Gedanken und in warmen Winterschuhen: Von der Tür bis zur Wasserkante sind es 150 Meter. Würden wir das schaffen? Wir haben sechs Grad, und die Urlauber trotten mit Mantel, Schal und Pudelmütze an der Graal-Müritzer Seebrücke vorbei. Neben dem Hotel dampft der Glühweinkessel. Egal. Wenn wir an der Ostsee sind, wollen wir auch ins Wasser.

Jeden Morgen lassen wir beim Frühstück den Blick über die Düne schweifen und fragen uns: Heute? Oder doch lieber morgen? Bisher gab es immer einen Grund, das Bad zu verschieben. Ein Spaziergang am Strand. Ein Ausflug zum Darß mit Leuchtturmbesuch. Ein Fußmarsch zur Dierhagener Schenke mit deftigem Festmenü. Doch heute ist unser letzter Tag, und der „Klabautermann“, eine urige Fischkneipe, die wir unbedingt noch besuchen wollen, zählt als Ausrede nicht.

Komisches Gefühl, am zweiten Weihnachtstag im Bademantel zur Seebrücke zu laufen. Zum Glück wird es schon dunkel. Hundert Meter Kopfsteinpflaster, dann dreißig Meter glattes Holz. Schnell die Treppe runter, Latschen aus und barfuß durch den feucht-kalten Sand. Noch zwanzig Meter bis zum Wasser. Neugierige Blicke folgen uns. Smartphones werden gezückt.

Verdammt, die Ostsee ist nicht nur arschkalt, sondern auch flach. Man muss weit waten, um eintauchen zu können. K. ist schon drin. Ich lasse mich der Länge nach fallen, eine eisige Welle schwappt über mich hinweg. Halleluja! Und schnell wieder raus. Fünfzehn Meter wie auf Messern bis ans Ufer. Zwanzig Meter bis zur Treppe. Die Menge teilt sich, als wären wir Heilige. „Von wo sind Sie? Machen Sie das jeden Tag?" Ich murmele: „Wie warm die Steine sind …" Worauf K. ihre Badelatschen auszieht und mit mir barfuß zur Hoteltür tappt.

Zugegeben, diese Zeilen sind ein bisschen angeberisch. Aber auch die letzten in diesem Jahr. Doch, doch, wir haben uns wirklich in die eisige See gestürzt. Waren aber zuvor in der Sauna … Heißen Rutsch allerseits!

Hier nicht China, hier Vietnam!

„Um zehn beim Chinesen in der Bahnhofstraße. Wir finden uns, Romy." Ich schwinge mich aufs Rad. Tatsächlich gibt es in der Nähe des Erfurter Hauptbahnhofs ein Asien-Restaurant, sogar mit Sushi-Bar. „Wir gehen schon mal rein", sagt Romy G., „Kameramann und Tonmeister kommen gleich." Wir wollen für das MDR-Fernsehen über mein Chinabuch sprechen, und wo, wenn nicht hier, ist der ideale Ort dafür. Es ist wuselig und laut.

„Wie in China?“, fragt Romy.

„Wie in China“, sage ich.

Sie habe bereits Archivaufnahmen von Peking rausgesucht, erzählt die Reporterin, auch von einer Nudelküche, die schneide sie gegen die Aufnahmen von hier. Dann sehe es so aus, als säßen wir mitten in der chinesischen Hauptstadt. Wir lachen bei der Vorstellung, dass China heute überall sein kann.

Der Kameramann stellt Halogenlampen auf und beordert uns von einem Tisch zum nächsten. Überall gleißt die Morgensonne durchs Fenster. Die Restaurantangestellten stehen kichernd vor der Sushi-Bar.

„Hast du ihnen gesagt, was wir vorhaben?“, fragt der Tonmeister.

Romy nickt. „Die wissen Bescheid.“

„Vielleicht bestellen wir erst mal was, dann sind sie beschäftigt“, schlage ich vor. Ich ordere grünen Tee, Romy wählt eine Nudelsuppe. Beim Beantworten ihrer Fragen bemühe ich mich, nicht das Mikrofon anzustarren, das wie eine Schlange über den Tischrand lugt.

„Wie ist der Ton?“, fragt der Kameramann.

„Es wäre gut, wenn ihr etwas lauter reden würdet.“

Eine Straßenbahn rattert vorbei. Ob man vielleicht die Tür schließen könne. Die Restaurantchefin verzieht das Gesicht, hat Angst, dass wir ihr die Kundschaft vergraulen. Tatsächlich stehen Leute am Eingang und wagen nicht, sich einen Platz zu suchen. Der Tee wird serviert.

„Wunderbar“, lobt der Kameramann, als ich es im dritten Anlauf schaffe, einzuschenken, ohne zu kleckern. Er hat alles im Blick, selbst die Schweißperlen auf meiner Stirn. Romy bleibt entspannt. Sie hat schon schwierigere Drehs gemeistert, im Kosovo oder in Argentinien.

Als die Suppe kommt, zeigt sie der Serviererin mein Buch „Auf der Suche nach Wang Wei“: „Hier, sehen Sie, wir sprechen über China, Ihre Heimat.“

Die Frau mit den schönen schrägen Mandelaugen stutzt und erwidert mit höflichem Lächeln: „China? Hier nix China! Hier Vietnam!“

Bitte, eine Brühpolnische!

Ich bin kein leidenschaftlicher Fleischesser. Ein-, höchstens zweimal pro Woche, das langt. Und monatlich eine Thüringer Rostbratwurst. Doch manchmal überkommt mich so eine unwiderstehliche, wie soll ich es nennen – Gier? Die Gier nach einer Brühpolnischen.

Eine Brühpolnische ist heiß, knackig und ungesund. Wenn man in sie reinbeißt, spritzt das Fett. Selbst jetzt, da ich das hinschreibe, läuft mir das Wasser im Mund zusammen. Ich kann nicht anders, eine Art Pawlowscher Reflex: Sobald ich eine Kneipe betrete, frage ich, ob es Brühpolnische gibt. Die Wirtsleute schauen mich ratlos an. Ob's nicht auch ein Paar Wiener oder eine Currywurst sein dürfen. Nein, danke. Brühpolnische bleibt Brühpolnische, selbst wenn sie nur noch in meiner Erinnerung spritzt.

Falls Sie Vegetarier oder vegan sind, lesen Sie lieber nicht weiter. In den Kneipen, die ich in meiner Kindheit besuchte, ging es fleischlich zu. Der Sonntagsspaziergang mit den Eltern oder Großeltern endete meist im Wirtshaus und wurde mit Fassbrause und einer Bockwurst belohnt. Heiße Bockwurst mit Brot und Senf. Manchmal gab es auch Hackepeter mit Zwiebeln oder Sülze mit einem Krügelchen Essig, den ich schwungvoll über den Fleischberg verteilte. Eine Brühpolnische aber war der kulinarische Gipfel.

Die echte besteht aus Rind-, Schweinefleisch und Speck und ist leicht geräuchert. Ihr Ursprung liegt in Schlesien, was die

Gastwirte heute auch nicht mehr wissen. Doch, einer weiß Bescheid. Als ich neulich bei Zeulenroda-Triebes um den Stausee wanderte, tauchte hinterm Wald eine wie aus der Zeit gefallene Schenke auf: winzige Fenster, schummriger Schankraum, am Stammtisch ein einzelner Bier trinkender Gast, gefühlt 90 bis 100 Jahre alt. Zwei gerahmte Grand-Hand-Blätter hingen an der Wand, das jüngste von 1996. Seither fehlt der dritte Mann.

„Was darf ich bringen?", fragte der Wirt.

„Eine Brühpolnische, bitte!"

„Kommt sofort."

Tatort Schöppingen war nicht geplant

Was wir an einem Freitagabend im etwa 30 Kilometer von Münster entfernten Schöppingen erlebten, hat mit TV-Unterhaltung nichts zu tun. Oder doch? Wir werden Zeugen eines Kriminalfalls, der in die Reihe „Aktenzeichen XY... ungelöst" gehört. Es ist schrecklich und kurios zugleich. Schrecklich für unsere Gastgeber, die seit elf Jahren ungestört in ihrem hübschen Holzhaus am Rand der Siedlung wohnen.

An jenem Abend lese ich im Saal des Künstlerhofes über „Dinge, die wir vermissen werden". Wir sitzen anschließend noch am Kamin, ehe wir zurückfahren. Und dann das: Schon im Flur aufgerissene Schubkästen. Stuben- und Schranktüren stehen sperrangelweit offen, und es zieht durch die aufgehebelte Terrassentür. Überall haben die Einbrecher eine Spur der Verwüstung hinterlassen. Nicht nur, dass der Familienschmuck verschwunden ist. Viel schlimmer: Da ist jemand gewaltsam in die Intimsphäre der Hausbewohner eingedrungen. Diese Vorstellung bekommt man nie wieder aus dem Kopf.

Ich inspiziere die Taschen meiner Jacke, die ich, als wir wegfuhren, zurückgelassen hatte, und stutze. Ob die Einbrecher betrunken waren oder vielleicht gestört wurden, will ich von den Kripobeamten wissen.

„Wieso?“

„Na ja, an der Garderobe hing meine Jacke. Und da ist alles noch drin: Kreditkarte, Bargeld, Ausweise, sogar der Autoschlüssel. Wieso haben sie es nicht gefunden?“

Das seien Profis gewesen. Die handelten nach der Devise: Wer aus dem Haus geht, nimmt seine Wertsachen mit.

„Und mein Auto? Sie hätten bequem damit abhauen können. Auf dem Autoschlüssel steht ‚Ford', und der Wagen parkt direkt vor der Haustür.“

Er wolle mir ja nicht zu nahetreten, erwidert der Beamte, aber Ford gehöre nicht zu den von Dieben bevorzugten Marken.

In der Transit-Stadt

Vielleicht steht das Riesenrad drauf. Vielleicht hat der schwarze Obdachlose seine armselige Decke darübergebreitet. Oder der Regen hat es längst abgewaschen. Hier, am alten Hafen von Marseille, soll auf dem Pflaster ein Zitat aus Anna Seghers Roman „Transit“ stehen. „Mütter, die ihre Kinder, Kinder, die ihre Mütter verloren hatten, aus allen Ländern verjagte Menschenhaufen, die schließlich am Meer ankamen, wo sie sich auf die Schiffe warfen, um neue Länder zu entdecken, aus denen sie wieder verjagt wurden; alle auf der Flucht vor dem Tod, in den Tod.“

Ich laufe mehrmals am Quai entlang, ohne die in französischer Übersetzung aufgebrachte Inschrift zu entdecken. Dabei sehe ich, was auch die mit ihren Kindern vor den Nazis geflohene Autorin einst zu sehen bekam: Flüchtlinge über Flüchtlinge. Nur, dass die heute nicht aus Europa hinaus, sondern nach Europa hineindrängen.

Historikerschätzungen zufolge überfluteten im Sommer 1940, kurz nach dem Einmarsch der deutschen Truppen in Paris, sieben bis acht Millionen Menschen die von der Hauptstadt in den unbesetzten Süden führenden Straßen: Spanienkämpfer, Antifaschisten, Kommunisten, Sozialdemokraten, Juden. Sie alle hofften, untertauchen oder mit einem der letzten Schiffe nach Übersee entkommen zu können. 2013, als Marseille und die Provence den Titel „Kulturhauptstadt Europas" erhielten, wurde mit einem Parcours an diese Menschen erinnert. Farbige Zeichen markierten Orte, an denen sich berühmte Emigranten trafen: das Café Le Bruleurs de Loups oder das Hotel Aumage in der Rue du Relais, in dem Anna Seghers ein tristes Zimmer bewohnte. Vieles, was sie in der näheren Umgebung erlebte und erfuhr, ist später in „Transit" eingeflossen.

Ich habe das Buch im Gepäck und staune beim Wiederlesen, wie viel Kafka in ihm steckt. Wie verloren müssen sich die Ankömmlinge damals auf dem Bahnhof Saint-Charles gefühlt haben. Wie verloren fühlen sich Flüchtlinge heute, wenn sie von Marseille aus nicht mehr weiterkommen? Die Bettelnden auf dem Prachtboulevard, die Straßenmusiker am Quai des Belges oder das dünne Mädchen mit den langen, schwarzen Locken, das in einer Seitengasse zusammengerollt wie ein Kätzchen auf der steinernen Türschwelle schläft, inmitten von ätzendem Uringestank.

Man kann das Elend hinter sich lassen, wenn man die Küstenstraße zu den Luxushotels und Urlauberquartieren emporsteigt. Man kann aber auch in den Vierteln der Ärmeren ein friedliches Miteinander von Völkern und Religionen beobachten. Als ich das Stichwort „Transit" in meinen Laptop eingebe, erlebe ich eine Überraschung: Der Roman wird von dem deutschen Regisseur Christian Petzold gerade verfilmt. Leider ist sein Team vor wenigen Tagen aus Marseille abgereist.

Die Würde des Schuhputzers

„Ach“, sagt T., „ist doch alles easy!“ Sie weilt schon ein halbes Jahr in Mexico-Stadt, bewegt sich sicher per Metro, Metrobus und Fahrrad durch die 30-Millionen-Metropole. Und ernährt sich vegan, das will hier was heißen. Ich habe Jetlag und noch Mühe beim Umrechnen. Die halbstündige Fahrt vom Flughafen zur Airbnb-Unterkunft kostet 100 Pesos, das sind keine fünf Euro. Ich gebe dem Taxifahrer 200 Pesos.

„Was tust du da?“, fährt T. mich an.

Im Supermarkt schenkt K. dem alten Mann, der unseren Einkauf in Tüten verpackt, drei Silbermünzen. Sein Gesicht strahlt vor Glück. „Das waren 30 Pesos, fast anderthalb Euro“, klärt T. uns auf. „So viel verdient er sonst in der Woche.“

Weshalb wir in Mexiko sind? Früher reiste man mit den Kindern. Heute reist man den Kindern hinterher, auch um den Anschluss nicht zu verlieren. Mehrmals besuchte ich meinen Sohn in Finnland. Dann E. in Ecuador und T. in Irland. Jetzt besuchen K. und ich E. und T. in Mexiko. Die Kleine arbeitet hier ein Jahr für eine gemeinnützige Organisation, und die Große absolviert zwei Auslandssemester.

Das Schwerste in Mexiko-Stadt ist das Treppensteigen. Man wird schnell kurzatmig, denn der Moloch liegt 2100 Meter hoch. Daran gewöhne man sich, sagt T. Auch an die Hektik, den Lärm und den Schmutz? Schon nach ein paar Stunden gehen mir die uniformierten Leierkasten-Spieler auf die

Nerven. Ich betrachte den Schuhputzer vor der Kathedrale, der geduldig auf Kundschaft wartet. Nie würde ich seinen aus Holzlatten gezimmerten Thron besteigen. Andere tun es. Ein Geschäftsmann lässt sich Zeitung lesend die Halbschuhe wienern, ein Wachmann die Stiefel wichsen. Sie unterhalten sich dabei auf Augenhöhe, da der Putzer seine Arbeit im Stehen verrichtet.

„Hola", ruft er laut, als er fertig ist. Sein Lächeln gilt mir.

Warum scheue ich mich, seine Dienste in Anspruch zu nehmen, wie beim Friseur oder beim Physiotherapeuten? Der Mann erinnert mich an die alten, ausgemergelten Rikscha-Fahrer in Hanoi. Um keinen Preis wollte ich mich von ihnen durch die vietnamesische Hauptstadt kutschieren lassen. „Wenn du es nicht tust, hungern sie", sagte mein Freund Huong. Als ich ihnen das Geld so geben wollte, hielt er mich zurück. „Almosen nehmen Sie nicht. Noch größer als der Hunger ist ihr Stolz." Wir sind dann doch gefahren, Huong zusammen mit seinem Vater und ich, der große weiße Mann, allein in einer Rikscha. Vorm Berg musste mein Chauffeur absteigen und schieben. Ich wäre gern ausgestiegen, um ihm zu helfen, doch es hätte ihn zu Tode gekränkt. Völlig ausgepumpt, doch dankbar nahm er mein Trinkgeld.

Irgendwann schaffe ich es, auch den mexikanischen Schuhputzern auf Augenhöhe zu begegnen.

Lieber schnaufen als schnurren

Zwischen Uzés und Orange schlängelt sich die Straße fünf Kilometer steil den Berg hinauf und der Wind bläst heftig. Gegenwind! Wie gut, dass unsere Räder 27 Gänge haben, zuletzt nutzen wir nur noch zwei. Heftig schnaufend nähern wir uns dem höchsten Punkt unserer Tour de Provence. Plötzlich hinter uns ein lautes Surren. Eine Gruppe von Rentnern zieht auf Rädern vorbei. Mühelos, sie scheinen nicht einmal zu schwitzen.

Ab 60, meint K., dürfe man das E-Bike benutzen. „Ist doch schön: Bergab lässt du dich rollen und bergan wirst du geschoben."

Danke, denke ich. Wo bleibt denn da der Ehrgeiz?

Auch wenn ich die Altersschwelle überschritten habe, kann ich mich mit dieser elektrischen Schubhilfe nicht anfreunden. E-Biker sind die Warmduscher der Landstraße. Ich will die Herausforderung spüren, selbst wenn nicht mehr jedes Knirschen und Knacken von der Schaltung rührt. Ich liebe die Anstrengung, die das Fahrrad meinen Muskeln abverlangt. Es muss ja nicht gleich, wie bei Henryk G., der Mont Ventoux sein. Im Windschatten der Tour de France tritt mein auf die 70 zu radelnder Kollege gern gegen sich selber an: 1600 Höhenmeter in der Sommerhitze, die letzten ohne schattenspendende Bäume. Ob er da keuchend und fluchend vom E-Bike träumt? Ich bin letztlich froh, den Mont Ventoux nur von weitem zu sehen. Es ist viel entspannter, durch Weintrassen und an Sonnenblumenfeldern entlang zu strampeln. Obwohl, reizen täte mich der Anstieg schon ...

Vor acht Jahren musste ich den Vorsatz, mit 65 meinen letzten Marathon zu laufen, wegen eines Bandscheibenvorfalls begraben. Der Arzt fragte, was ich mir von einer Therapie erhoffe. Radfahren, sagte ich, und irgendwann wieder joggen. Das Joggen sollte ich lieber vergessen, meinte er, es sei denn, ich wolle doch noch unters Messer. Heute radle und jogge ich wieder. Also, nächstes Jahr Mont Ventoux oder Halbmarathon? Verfluchter Ehrgeiz!

Der Goldjunge von Funchal

Da steht er wie beim Freistoß: breitbeinig, mit leicht abgespreizten Armen und Blick auf den Ball. Den es nicht gibt. Vor ihm glänzt eine Messingplatte im Hafenboden: „Best player in the world". Was nicht ganz zutrifft. Gerade hat die Fifa seinen Dauerrivalen Lionel Messi zum Weltfußballer des Jahres gekürt, 2018 war der Titel an Luka Modric gegangen. Und was ist mit Pelé, Maradona, Zidane?

Allesamt großartige Fußballer. Doch hier, in Madeiras Hauptstadt, wo Cristiano Ronaldo dos Santos Aveiro vor 34 Jahren geboren wurde, ist er der Größte. In Funchal hat CR7 sich selbst ein Denkmal gesetzt, ein Museum errichtet und gleich noch ein Hotel mit Cafeteria dazu. Hier hat er täglich ein Heimspiel vor Tausenden von Touristen.

Ehre, wem Ehre gebührt. Wenn nur die Statue nicht wäre. Dieses stoische Gesicht, das kaum Ähnlichkeit mit dem Original aufweist, die zu groß geratenen Hände, die überdeutlich herausgearbeitete Schmalztolle und die vielversprechende Beule in der Hose. Hat der beste aller Ronaldos solch ein schlechtes Denkmal verdient? Es gab ein noch schlechteres auf dem Airport. Doch die Büste wurde, nachdem man sich im World Wide Web darüber das Maul zerfetzte, ausgetauscht.

Den die Hafenpromenade entlang Schlendernden ist das schnuppe. Sie bleiben stehen, vergewissern sich anhand der Inschrift, dass CR7 es ist, und machen ein Selfie. Die männlichen Fans nehmen ihn an die Hand, die weiblichen grapschen ihm in den Schritt, was am Metall goldglänzende Spuren hinterlässt.

„Mögen Sie Ronaldo?", hatte mich Nancy vor unserer Insel-Radtour gefragt. Wir saßen im Hotel in Canico, um den Ablauf zu besprechen. Am Ende der Rundfahrt würden wir in Funchal auf den fünffachen Weltfußballer treffen. Der für mich ein Phänomen ist. Weil er sich schon so lange an der Spitze behauptet. Weil er sich beim Kopfball in unglaubliche

Höhen schraubt. Weil er Freistöße zirkelt, die man nicht für möglich hält. Und weil er mit zunehmendem Alter immer noch effizienter wird.

Ich erwiderte, dass ich Ronaldo bewundere, aber niemals werde mögen können. Er ist mir zu selbstverliebt. Nancy, Tochter eines nach Portugal eingewanderten serbischen Fußballprofis, nickte. Folglich, meinte sie, würde ich wohl auch nicht ins Ronaldo-Museum gehen.

Doch. Selbstverständlich besuche ich es. Das Museum ist aber eher eine Ruhmeshalle für Pokale, vergoldete Bälle und handsignierte Fußballschuhe. Unter den zahllosen Exponaten berührt mich nur eines wirklich: ein Foto, das den kleinen, wilden Cristiano zeigt. Den Balljungen aus Funchal. Ohne Pose, ohne Tolle und goldene Glocken.

Krimi aus dem Rattenloch

Die Sonne steht tief, als wir die abgelegene Bucht entdecken. „Hier", sage ich, „können wir im Meer baden, wie Gott uns erschaffen." K. blickt sich misstrauisch um und schüttelt den Kopf. Ein verfallendes und ein verlassenes, noch halbwegs intaktes Urlauberdomizil. Ein Holzsteg mit einer Bank. Weit und breit kein Mensch. Als ich nach dem Schwimmen aus dem Wasser steige, sitzt K. auf der Bank und zeigt auf den Lattenrost zu ihren Füßen.

„Siehst du das?"

Etwas schimmert rötlich unter den Brettern. Ein Buch.

„Wir haben doch unsere Urlaubslektüre", erwidere ich. Aber K. gibt keine Ruhe, will unbedingt wissen, wie es heißt.

„Es"! denke ich beklommen. Mit einem mulmigen Gefühl greife ich zwischen den Latten hindurch ins Dunkle. Das

Buch lässt sich nicht packen. Erst mit Hilfe eines Stöckchens kann ich es in meine Richtung bewegen und herausziehen. Kein Stephen King. Ein skandinavischer Krimi mit Gebrauchsspuren.

„Zeig mal", ruft K. Sie will nur kurz hineinschauen, liest sich aber fest. Sie liest, bis die Dämmerung die Buchstaben verschluckt. Wir gehen zum Appartement zurück. Dort liest sie weiter.

Als K. in der Dusche verschwindet, schnappe ich mir den Schmöker. Der Krimi handelt von zwei Philosophiestudenten, die heimtückisch ihren Mentor, eine weltbekannte Koryphäe, ermorden.

„Gib her!", ruft K. böse.

„Nur noch die halbe Seite."

„Nein."

Sie reißt mir die Schwarte aus den Händen, und ich muss mich gedulden, bis sie die Nachttischlampe ausknipst. Am Morgen hat sie sie wieder. Dann ich. Dann sie. Wir fangen an, uns zu belauern ...

Es ist nicht nur die Story, die fesselt. Es ist auch das Buch selber, seine unbekannte, geheimnisumwitterte Geschichte. Wer hat vor uns darin geschmökert? Warum ist es beim Lesen entglitten? Ist am Ende gar jemand gestorben ...?

Ich stibitze den Wälzer, als K. sich mit Sonnenmilch eincremt.

Als ich Kaffee koche, angelt sie ihn sich wieder.

Ich passe den Moment ab, da sie das Buch ablegt, um draußen nach dem Wetter zu schauen.

„He, gib her!"

„Nein!"

„Dann nehm' ich es mir!"

„Nur über meine Leiche!"

Lost in Translation

Wir sind pünktlich, der Flughafen leuchtet hell wie ein Lampenpalast, doch niemand ist da. Alle Flüge sind gecancelt. „Oh“, ruft unser Taxifahrer, „der Streik ist schon im Gange!“

Offiziell sollte er erst um acht beginnen. Unsere Maschine würden sie, da zwei Stunden davor startend, noch abfertigen, war sich Gianis sicher gewesen. Nun sitzen wir auf Rhodos fest. Er würde uns, sagt Gianis, der nur nebenbei Taxi fährt, ja gern bei sich einquartieren, doch da er viele Töchter habe, sei es ein bisschen eng. Außerdem ist die Olivenernte in vollem Gange.

Er fährt uns nach Rhodos-City. Drei Hotels, die wir ansteuern, sind geschlossen. Im vierten ist der Barkeeper noch wach, und wir checken ein. Den ganzen Morgen und Vormittag versuche ich, unsere Airline zu kontaktieren. Vergeblich. Wir gehen zum Strand. Während ich im Meer schwimme, formuliere ich im Kopf die erste E-Mail: „Liebe Kollegen, wartet nicht auf mich. Das griechische Flughafenpersonal streikt.“

Am Nachmittag erkunden wir die Altstadt. Bei einem Ouzo im Café setze ich die nächste Mail ab: „Liebe Kollegen, jetzt streiken auch die Busfahrer.“

Ich rufe Gianis an und frage, ob er Hilfe bei der Olivenernte braucht. Er holt uns mit seinem Taxi. „Liebe Kollegen“, schreibe ich nach Sonnenuntergang, „bitte habt Geduld. Es geht noch immer kein Flug.“

Wir helfen Gianis bei der Ernte, und nachts rücken wir zusammen. Ich öffne mein iPad und tippe: „Liebe Kollegen, es wird noch dauern. Die Airline streikt jetzt auch.“

Die griechische Sonne brennt, doch wir singen bei der Arbeit. In den Pausen reicht Gianis die Ouzo-Flasche herum. Noch 140 Ölbäume! „Liebe Kollegen“, schreibe ich, „wir haben jetzt einen Rückflug, doch seit einer Stunde sind die Taxifahrer im Ausstand ...“

Alles hat ein Ende, nur die Wurst hat zwei. Diese Kolumne schreibe ich an Bord einer Lufthansa-Maschine. Wir nähern uns dem Flughafen Erfurt-Weimar, und ich hoffe auf die Durchsage des Kapitäns, dass er wegen Corona gesperrt ist und wir umkehren müssen.

Rügens Buchenwald, echt und in 3D

Es war im Sommer 1975. Nach der elften Klasse fuhren wir zu fünft über den Rügendamm, um die Insel zu umwandern. Wir starteten in Zudar und landeten nach zwölf Tagen in Altefähr, wobei wir strikt dem Küstenverlauf folgten. Einer schleppte das Zelt, die anderen trugen die Verpflegung. Ich hatte den Campingkocher im Rucksack. Hatten wir bei dieser Strapaze überhaupt ein Auge für die Schönheiten der Insel? Ich erinnere mich, wie wir jenseits von Sassnitz an der Steilküste übernachteten, mitten im Buchenwald. Wir genossen den Sonnenaufgang mit Blick auf die Kreidefelsen. Damals war dort nur ein Drehkreuz.

Nach 47 Jahren bin ich wieder an dieser Stelle und werde von einer Schranke gestoppt. Der Königsstuhl gehört jetzt wie der Thüringer Hainich zum „UNESCO-Welterbe Alte Buchenwälder" und kostet 10 Euro Eintritt. Man kann wie wir an der Steilküste entlang zu ihm wandern und dabei die wundervollen alten Buchen bestaunen. Man kann aber auch, ohne einen Fuß in den Wald zu setzen, am Parkplatz in den Shuttle-Bus steigen. „Besuchen Sie unbedingt auch unsere Ausstellung", ruft uns der Nationalpark-Ranger nach.

Der Ausblick vom Königsstuhl ist noch immer überwältigend, auch wenn seither viel Kreide in die Ostsee gebröckelt ist. Auf dem Weg zur Ausstellung bekommt man eine vergrößerte Kopie von Caspar David Friedrichs Gemälde „Kreidefelsen auf Rügen" zu sehen. Dann sinkt man, ausgestattet mit Kopfhörern und Guide, mit dem Fahrstuhl ins multimediale Kreidemeer hinab. Eine Zeitreise, die besonders bei Kindern gut ankommt. Erwachsenen empfehle ich lieber Holger Teschkes schönen Rügen-Band „Inselzeiten". Allerdings werden seine sachkundigen Beschreibungen und poetischen Kindheitserinnerungen vom Highlight der Multispektakelschau in den Schatten gestellt: Etwa in der Mitte des Rundgangs steht der Besucher plötzlich vor einer verschwommenen Darstellung. „Wenn Sie die 3D-Brille aufsetzen", flüstert der elektronische Erbe-Geist, „sehen Sie einen Buchenwald – dreidimensional!"

Nur Nichtfliegen ist schöner

Wir hätten unsere Albanienreise auch von Frankfurt oder München aus beginnen können. Doch der hauptstädtische Großflughafen sollte es sein. Nach 14 Jahren Bauzeit und zig Gepäckprobeläufen muss die Abfertigung auf dem BER doch nur so flutschen.

Dachten wir. Doch was über Planungsfehler und Missmanagement versäumt und vergeudet wurde, soll offenbar übers Personal wieder eingespart werden. Pünktlich zum brandenburgischen Ferienbeginn waren bei der Lufthansa-Group nur vier Check-in-Schalter geöffnet – für gefühlt 2000 Reisende! Eigentlich nur drei Schalter, denn an den vierten wurden Leute aus der sich endlos erneuernden Schlange vorgezogen, deren Flugzeug längst startklar war.

Es galt mal die Faustregel, bei Inlandflügen eine und bei Fernflügen zwei Stunden vorher auf dem Flughafen zu sein. Wir planten zwei Stunden für unseren Zubringerflug mit Austria Airline nach Wien ein, von wo wir mit der Fahrradgruppe nach Tirana weiterreisen wollten. Zehn Minuten vor dem Abflug zog man auch uns aus der Schlange, aber nur noch zum Umbuchen. Statt um 14 Uhr landeten wir um 0.40 Uhr in Tirana. Begrüßungsrunde, Stadtrundgang, Abendessen – alles futsch.

Albanien wird oft als rückständig und bürokratisch beschrieben. Zu Unrecht, wenn man die Flughäfen in Tirana und Berlin vergleicht. Die Passkontrolle dauerte bei der Ankunft in der albanischen Hauptstadt gerade mal eine Minute. Unser Gepäck lag schon griffbereit auf dem Transportband. Nach fünf Minuten saßen wir im Taxi.

Vielleicht gehört ja eher den Kleinen die Zukunft. Am Berliner Großflughafen wird indessen unverdrossen weitergebaut. Er soll noch größer werden. Vermutlich wird der BER unser größter Beitrag zur CO_2-Einsparung. Weil bald niemand mehr von dort abfliegen will.

Marathonmann aus Tirana

Seit Tagen radeln wir durch Albanien, und das Land zeigt sich bei Regen und Kälte in all seiner rauen Schönheit. Manchmal verbirgt es sich auch vor unseren Blicken. Überall Berge und Bunker, mitunter von Wolken verhüllt. 200.000 dieser Minifestungen aus Beton, erzählt unser Reiseleiter Junid Jegeni, ließ Diktator Enver Hoxha während seiner Alleinherrschaft errichten. Um sich und sein Volk vor der Welt zu verstecken? Kein anderes europäisches Land war über so viele Jahrzehnte abgeschirmt und abgeriegelt.

Junid ist Mitte dreißig und sehr sportlich. Während wir die Serpentinen hinauf strampeln, saust er vor und zurück und hilft, wenn mal was an der Schaltung klemmt. Er hat die schlimmen Zeiten nicht selbst erlebt, wurde jedoch zur Sparsamkeit erzogen und kann improvisieren. Er weiß, wie man mit feuchtem Holz Feuer macht, und überwindet Hindernisse jeglicher Art. Sein Vater, erwähnt er, war mehrfacher albanischer Meister im Zehnkampf und im Marathonlauf. Leider durfte er nie bei Olympia starten.

Dieser Satz geht mir, während wir durch Schluchten und einsame Bergdörfer radeln, im Kopf herum. Ich möchte von Junid mehr über seinen außerhalb von Albanien unbekannten Vater wissen, doch nach der heutigen Etappe ist er plötzlich verschwunden.

Über das Handy erreicht uns die traurige Nachricht: „Bin auf dem Weg nach Tirana. Mein Vater ist gestorben ..."

Noch am selben Abend recherchiere ich im Netz: Suat Jegeni hat 1966 als erster albanischer Zehnkämpfer an einer Leichtathletik-Europameisterschaft teilgenommen und den 25. Platz belegt. Seine Spezialdisziplin, die abschließenden 1500 Meter, hat er mit großem Vorsprung gewonnen. Dann taucht sein Name 20 Jahre auf keiner internationalen Ergebnisliste mehr auf. Erst 1986 wieder, da war er schon 44 und immer noch aktiv! Am Morgen kaufe ich mir eine Zeitung. Die Titelseite würdigt Suat Jegeni, den mit 79 verstorbenen Marathonmann, als Helden Albaniens.

Suchen, ohne zu finden

Seltsam sind die Menschen in Irland. Der Ire sowieso, aber auch mancher Deutsche, wenn er auf der grünen Insel etwas sucht, was er daheim nicht findet: Entspannung, Einsamkeit. Oder den Dauerregen.

Hannes, der am südwestlichen Inselzipfel ein Ferienhaus vermietet, erzählt von einem Ehepaar, das die Sonne in Italien und Griechenland satt hat. Die beiden liebten es, bei Regen in seiner Hütte zu sitzen und in die Tristesse zu schauen, in der man, wenn der Nebel mal aufreißt, die Umrisse von Kühen und Schafen erkennt. Manchmal sogar einen Esel.

Seltsamer noch ist die Stewardess aus Hessen, die jedes Jahr hier aufkreuzt, angeblich um sich einen irischen Mann zu angeln. Sie reise von Frankfurt am Main mit dem Auto an und gehöre inzwischen mit zur Familie, sagt Hannes. „Meine Frau und ich, wir gehen manchmal mit ihr aus."

„Wohin denn?", frage ich.

„In unseren Pub."

Der Pub ist winzig und schummrig. Man trifft dort hauptsächlich Dauersäufer und Touristen. Heiratsfähige irische Männer wohl eher selten.

„Warum sucht sie nicht in Dublin?", frage ich.

„Vielleicht, weil sie es bei uns schöner findet."

Der Regen klopft gegen die Scheibe, und ich versuche, mir einen Iren vorzustellen, der jedes Jahr mit dem Auto von Dublin in ein Thüringer Kaff fährt, um sich eine deutsche Frau zu angeln. Dort gibt's nicht mal einen Pub. Vielleicht, grüble ich, sucht die Lufthansa-Dame ja gar keinen Iren. Vielleicht sucht sie etwas ganz anderes. Nur was?

Wir leeren unsere Guinness-Gläser, wischen den Schaum von den Lippen und schauen durchs Fenster auf die nasse Straße. Seltsam sind die Menschen in Irland …

Der alte Mann über dem Meer

Hatte der Alte, als wir über die Berge kamen, schon auf uns gewartet? Unter den Olivenbäumen rammten zwei Ziegenböcke die Köpfe gegeneinander. Der Mann sah, dass wir durstig waren, und ließ uns ein. Er führte uns zum Brunnen und sagte: Trinken. Dann betraten wir die Kapelle. Sie war klein und bis unter die Decke ausgemalt. Links die Leidensgeschichte Christi, rechts Mariä Himmelfahrt. Mit zwei Sträußchen Basilikum aus dem Garten verneigte sich der Mann vor der Muttergottes. Einmal für K., einmal für mich. Nicht werden krank, erklärte er. Wir zündeten Kerzen an.

Dann zeigte er uns seine Herberge: ein Bett, ein Stuhl, ein Tisch. Vom Fenster sah man auf das Meer. Früher, erzählte der Alte mit leuchtenden Augen, sei er mit seinem Akkordeon durch Deutschland gezogen und habe griechische Lieder gesungen. Jetzt sang er für uns.

Während ich der Stimme lausche, sehe ich mich plötzlich selbst hier sitzen. Wie ich die Kapelle bewache, die Ölbäume wässere und die Sonnenuntergänge genieße. Ich würde, es ist nur ein Traum, als alter Mann hier oben über dem Meer sitzen, zuschauen, wie sich die Böcke um die Ziegen streiten, und viel, viel nachdenken. Über das Leben, wie es war und wie es hätte sein können. Und wenn Wanderer über die staubigen Berge kämen, würde ich sie einlassen, ihnen zu trinken geben, die Malereien zeigen und im Schatten der Ölbäume von meiner Zeit als Nachrichtenmensch berichten. Wie es war, als mich die Politik, die Pandemie und der Klimawandel umtrieben und ich die Welt retten wollte. Ich würde mit ihnen ein Gläschen Ouzo trinken, zur Gitarre greifen und ein fast vergessenes Lied singen: „Wann kommt der Wind, der uns weitertreibt …“

Nachwort

Man muss sich den Kolumnisten als glücklichen Menschen vorstellen. Nicht, weil er – das Urmuster dieses Satzes verdanken wir schließlich Albert Camus – Woche um Woche seine Kolumne, um im Bild zu bleiben, wie Sisyphus den Stein den Berg hinauf wälzen muss: Weil er es darf. Und weil er, das ist es, schreiben darf, wovon er will, unbehelligt vom Kerngeschäft der Tageszeitung, vom Tag und seinen Wichtigkeiten, die nicht selten am folgenden Tag bereits wieder zusammengeschnurrt sind zu Nichtigkeiten. Vorausgesetzt natürlich, es gibt da eine Chefredaktion, die über die Weisheit verfügt, einen Teil ihres Territoriums als exterritorial zu akzeptieren. Dann ist der Kolumnist frei, sich „vom Himmel durch die Welt zur Hölle" zu bewegen. Vom drohenden Ende der Menschheit, wovon die Urenkelin schon weiß, was wir nur ahnen, bis hin zu Details des häuslichen Interieurs wie zum Beispiel den Tischenzwisch, der irgendwo zwischen den Etagen steht. Dann kann er Bäume umarmen, die heißen Hermine und Mathilda, wobei es den knallharten investigativen Recherche-Teams des Blattes verschlossen bleibt, woher der Kolumnist das weiß. Oder ganz, ganz kleine Wesen belauschen, die Covid heißen und auf dem Mars von den wunderherrlichen Lebensbedingungen auf dem blauen Planeten schwärmen, den sie demnächst besiedeln werden, auf Grund seiner sie einladenden Gastlichkeit. Womit der Kolumnist beiläufig zeigt, dass er gelegentlich auch die übrigen, die weniger interessanten Teile des Blattes liest. Er kann das Krokodil in der Gera suchen oder das Haar in der Suppe, die er lustvoll auslöffelt.

Als ich Frank Quilitzsch kennenlernte, da waren wir, wie man so sagt, Konkurrenten, er schrieb die Theaterkritik der blauen Zeitung, ich die der grünen. Es gab eine Zeit, da gehörte es zur mentalen Grundausstattung der Redakteure, befeuert durch zwei leitende Herren, das jeweils andere Blatt blöd zu finden, grundsätzlich. Man konnte das aber auch, so man wollte, unterlaufen, wenn man dem Kollegen über den Weg lief, in den Premieren, auf den Pressekonferenzen, ohne die Konkurrenz zu vergessen. Der Verfasser der hier vorliegenden Kolumnen und der dieser kleinen Nachrede bedrängten einander nie mit üblen Nachreden, sie gingen, und gehen, als gute Krieger in der Zeitungs-Bataille freundlich bis freundschaftlich miteinander um, ungeachtet ihrer einander unfreundlich gesinnten Feldherren. Der Umstand, dass der eine hier den anderen würdigt, steht wohl dafür.

Zumal wir, in gewisser Weise, auch als Rentner noch immer Konkurrenten sind, ich verfasse nicht nur Nachworte zu Kolumnen, sondern sondere jede Woche selbst derlei ab. Das ist eine wirklich lustvolle Tätigkeit, vorausgesetzt man hat ein Thema. Manchmal hat man eine Idee und manchmal nur einen Termin. Beim Lesen der hier versammelten Arbeiten bemerkte ich, weniger betroffen als amüsiert, dass es eine beträchtliche Schnittmenge an Themen gibt – was vermutlich dafür steht, dass wir in der gleichen Welt fischen und mit ähnlich geknüpften Netzen. Wir kokettieren mit unserem Alter, wir haben Frauen und angeheiratete Töchter, die uns gelegentlich nötigen, im Fernsehen Darbietungen wie dem „Bachelor" oder „Germany's next Top Model" beizuwohnen, was uns einerseits auf eine Stelle geht, von der Quilitzsch behauptet, sie habe einmal zur Markierung von Grundstücksgrenzen gedient, was andererseits aber lustig ist. Wir leiden, wenn wir gezwungen werden, Hosen zu kaufen, weil es nie dabei bleibt, wir geben unseren Staubsaugern Namen, seiner heißt Hermann, und wir haben ein spannungsvolles Verhältnis zu den Tanzstunden der Töchter unserer Frauen. Wir geben in unserer bescheidenen Art gerne ein bisschen an, wir gehen im Winter in die Ostsee oder wir fahren im Sommer mit dem Rad auf einen Berg. Und wir denken, merkwürdig genug, dass das andere Leute interessiert.

Und das tut es tatsächlich. Was eigentlich wundern sollte. Weshalb interessiert es Leute, wie es, sozusagen, bei Hempels unterm Sofa aussieht oder bei Quilitzschs im Garten? Es ist wohl, weil die Kolumne, sofern sie kein politischer Kommentar ist, den Leser mitnimmt in eine Welt, in der er sich auskennt, weil es die seine ist. Es ist die Welt, in der all die kleinen alltäglichen Geschichten passieren, die jedem zustoßen, der eine Frau oder einen Mann hat, Kinder oder Tiere oder beides. Jedem, der manchmal verreist oder manchmal den Hochzeitstag vergisst. Nur, dass ein Kolumnist wie Frank Quilitzsch sie nicht dem Nachbarn erzählt, sondern eben dem Leser. Diese kleinen Miniaturen des Alltags sind Geschichten, die der Leser wiedererkennt, weil es, das zu Ändernde geändert, die Geschichten und Situationen sind, denen auch er begegnet, mithin also begegnet er sich selbst. So wird die Kolumne, auch und gerade da, wo sie mit einem Lächeln von alltäglicher Banalität erzählt, zum Lächeln der Zeitung. Denn am Ende addieren sich all die Alltäglichkeiten, die Banalitäten zu dem, was man Leben nennt.

Einmal, da ist Quilitzsch auf Skiern unterwegs und es passiert, was den Vorgang erst erzählenswert macht, er stürzt. Na, denkt er, wenigstens hab ich was zum Schreiben. So geht Kolumne.

Henryk Goldberg